O VOTO DA POBREZA
E A POBREZA DO VOTO

Brasiliense

Maria Lucia Victor Barbosa

O VOTO DA POBREZA

E A POBREZA DO VOTO

A ética da malandragem

Jorge Zahar Editor
Universidade Estadual de Londrina

1988
Direitos para esta edição contratados com
Jorge Zahar Editor Ltda.
rua México 31 sobreloja
20031 Rio de Janeiro, RJ

Ficha técnica:
Revisão de texto: Carlos Nayfeld. Capa: João da França. Revisão: Ricardo Santos, Lincoln Natal Jr., Carlos Nayfeld, Nair Dametto, Carmem Moreno. Composição e Impressão: Tavares e Tristão Gráfica e Editora de Livros Ltda.

ISBN: 85-7110-050-0

Sumário

Para Léo de Judá e nossas três obras-primas,
Bruno, Vinicius e Leonardo,
sem os quais nada teria sentido

Mas como minha intenção é escrever o que tenha utilidade para quem estiver interessado, pareceu-me mais apropriado abordar a verdade efetiva das coisas e não a imaginação. Muitos já conceberam repúblicas e monarquias jamais vistas, e que nunca existiram na realidade; de fato, a maneira como vivemos é tão diferente daquela como deveríamos viver que quem despreza o que se faz pelo que deveria ser feito aprenderá a provocar sua própria ruína, e não a defender-se.

NICOLAU MAQUIAVEL, *O príncipe*

Agradecimentos

Meus agradecimentos ao vice-reitor Carlos Roberto Appoloni e aos membros do Conselho de Administração da Universidade Estadual de Londrina, pelo apoio dado à co-edição deste livro. Agradeço também à Coordenadoria de Administração e Finanças, à Assessoria Jurídica e à Diretoria de Material da UEL, nas pessoas de Jackson Proença Testa, Nilton Santana, Antônio Bacarin e Anísio Ribas Bueno Neto, que se encarregaram dos trâmites necessários à viabilização do contrato entre Jorge Zahar Editor e a Universidade.

Agradeço aos políticos de Londrina por mim entrevistados durante esta pesquisa: Antenor Ribeiro da Silva Junior, Antônio Belinati, Gerson Moraes de Araújo, Hélio Duque, Luís Carlos Alborghetti, Roberval Belinati e Siqueira Martins.

Não poderia deixar também de agradecer a um grupo muito especial. São pessoas significativamente representativas da maioria que compõe esse "gigante pela própria natureza" que continua deitado "em berço esplêndido". Sendo analfabetos, eles me ajudaram a escrever. Pertencendo a outra classe social, confiaram em mim e me transmitiram suas opiniões e sua maneira de ser, malandrinha, jeitosa, brasileiríssima. Meu muito obrigada, pois, a: José Filomeno dos Santos, Anísio Camilo, Eliseu Alves da Silva, Maria Rosa de Souza, José Marinho Ferreira, Francelino José Bento, Maria Marinhos da Silva, Maria Pereira dos Santos, Luís Amâncio Alves, Maria Sebastiana Alves, Luís Correa de Brito, Maria Marques Lucena, Maria do Socorro Silva e Souza, Esmerina de Oliveira, José Martins, Maria de Lourdes Vilas Boas e Jorge Vilas Boas.

Introdução

Nunca tive jeito para trabalhos manuais. Resolvi então "tricotar" idéias. Neste ensaio, fruto de uma pesquisa que não contou com polpudas verbas, equipe, computador, orientador ou outro apoio mais significativo a não ser o do pessoal de casa que me suportou durante a elaboração do mesmo, fui "tricotando" de forma artesanal e sofrida livros, pensamentos, fatos, entrevistas, experiências. Tentando dar coerência a linhas emaranhadas de teoria e realidade, acabei por confeccionar um fragmento de tecido social e político onde pretendi estampar uma amostra de meu país, de meu povo, do lugar onde vivo. Como ponto principal, ressaltei a questão da pobreza extrema, seguindo o riscado cultural da malandragem. E, diga-se de passagem, a malandragem aqui não se refere apenas ao sentido pejorativo do que "não trabalha", do "vagabundo". Isto existe, é claro. Mas há também o significado do "indivíduo esperto, vivo, matreiro". Resumindo, puxei o fio da ética da malandragem, onde o valor moral é atribuído à capacidade do "jeitinho" de conseguir-se o máximo com um mínimo de esforço a partir do ideal do ócio abençoado. A malandragem, então, é como uma ginga do espírito, concretizando-se na busca de facilidades e de felicidade. Claro que temos gente empreendedora, laboriosa, séria, capaz, mas de modo geral somos mais a conseqüência da maneira de como e por quem fomos colonizados, o que resultou nessa "adorável" e lamentável bagunça, nessa falta de seriedade que faz de tudo piada, nessa brasileiríssima arte e ética da malandragem. Em tudo a marca da hereditariedade, pois como disse o mestre Sérgio Buarque de Holanda no primeiro capítulo de *Raízes do Brasil*:

> Trazendo de países distantes nossas formas de convívio, nossas instituições, nossas idéias, e timbrando em manter tudo isso em ambiente muitas vezes desfavorável e hostil, somos ainda hoje uns desterrados em nossa terra. Podemos construir obras excelentes, enriquecer nossa humanidade

de aspectos novos e imprevistos, elevar à perfeição o tipo de civilização que representamos: o certo é que todo o fruto de nosso trabalho ou de nossa preguiça parece participar de um sistema de evolução próprio de outro clima e de outra paisagem.

Sérgio Buarque de Holanda! Rendo a ele e a outros dos nossos clássicos, as minhas homenagens. De certa forma, ousei retomá-los, tentando atualizá-los em novas visões do Brasil. Assim, recordei os ensinamentos de Caio Prado Júnior, Victor Nunes Leal, Celso Furtado. Procurei auxílio em autores estrangeiros, e aqui quero destacar o sociólogo francês Roger-Gérard Schwartzenberg. Consegui inspiração no estilo lúcido e envolvente do jornalista e escritor Paulo Francis. Relembrei meu professor do curso de sociologia e política da Universidade Federal de Minas Gerais onde me formei, o historiador Francisco Iglésias, dos aqui citados o único que conheci pessoalmente. Mas todos são como se fossem de mim "próximos", pois deles recebi as lições sobre pensar e escrever que só os grandes mestres podem transmitir através de suas obras.

A muitos outros pensadores recorri também. Como disse o sociólogo Michel Maffesoli, "não se pode descobrir novos mundos quando se trata de ciências humanas". Mas não foi só os livros que "tricotei". A realidade deve ser o principal confronto para se testar ou elaborar teorias. Através de entrevistas em profundidade, reencontrei alguns daqueles junto aos quais trabalhei como socióloga da Companhia de Habitação de Londrina — COHAB-LD entre 1977 e 1982. Anos talvez mais produtivos e mais ricos em aprendizado do que os exercidos de longa data na cátedra, pois durante aquele período pesquisei, planejei, observei, executei cara a cara com o mundo real. Nas favelas, nos conjuntos habitacionais, estive entre os que aqui classifiquei como pobreza extrema. A realidade era uma coisa viva, palpitante, que não podia caber na camisa-de-força de certas teorias que no Brasil ainda estão em moda, sendo porém ultrapassadas em países mais evoluídos. Ao mesmo tempo, foi através daquela experiência que comecei a romper a crosta das superfícies evidentes para mergulhar mais fundo na essência dos comportamentos dos indivíduos e dos grupos sociais. Afinal, é nisto mesmo que consiste a sociologia.

Agora, voltei ao que foi cotidiano, tentando eliminar aspectos tão-somente emocionais ou da mera atividade profissional, através da qual é mais importante dar soluções urgentes a problemas concretos do que teorizar. Aqui o direcionamento pretende ser científico, o que não quer dizer isento de emoção. Aliás, eu diria que sem emoção, sem paixão, não se faz nada. E foi com paixão que me dediquei a tricotar pensamentos, acontecimentos, vivências, nos intervalos entre aulas e afazeres de casa. De fato, sou, em primeiro lugar, mãe. E disto me orgulho. Segundo, sou professora. Daí, que o trançado dessas páginas foi feito pensando em meus filhos e em meus alunos. Por isso, há trechos de toque quase literário, onde soltei meu estilo e minhas observações, tentando comunicação direta, procurando deixar de lado a linguagem hermética que distancia e cansa, para buscar a simplicidade sociológica, mas consciente de que o simples não quer dizer simplório

A tentativa foi, pois, de redescobrir o Brasil em alguns dos seus aspectos. Portanto, cada capítulo se converteu num breve vôo rasante. No capítulo I, faço considerações gerais sobre o fenômeno da pobreza extrema, urbanizada, englobando aqueles que percebem até dois salários mínimos; enfatizo aspectos do progresso do nosso país em contraste com o atraso; comento o subdesenvolvimento político que ainda prevalece diante de um esboço de modernização. No capítulo II, recordo um pouco as influências do Portugal da Contra-Reforma; comparo nossa evolução histórica com a dos Estados Unidos; verso sobre nossas qualidades herdadas de esperteza e malandragem. No terceiro capítulo, trato dos Pais da Pátria, das caridades oficiais, da questão da compra do voto, da igualdade de uma democracia marota que só acontece em épocas eleitorais. No capítulo IV, trato do descrédito popular para com os políticos, analiso os Poderes Executivo e Legislativo, mostro o importante papel crítico da imprensa, faço um histórico e uma análise dos partidos políticos. No capítulo V, mostro a influência da televisão, esse moderno palanque eletrônico da política onde desfilam os atores políticos; a importância do rádio para os caminhos do poder; a TV como espelho mágico a refletir a mediocridade, a ignorância e os sonhos das pessoas; o deslumbramento da massa perante os *mass media*; o comentário de algumas alocuções do presidente José Sarney; as atuações dos candidatos na TV durante as campanhas eleitorais de 85 e 86, a fascinação que provoca o carisma, exemplificando com os radialistas Afanasio Jazadji, de São Paulo, e Luís Carlos Alborghetti, o Cadeia, em Londrina. No capítulo VI, enfatizo o problema da instrução ligado à participação política; trato dos analfabetos de pai e mãe e dos analfabetos funcionais; abordo a questão da universidade na cultura da malandragem e da esperteza; faço uma apreciação sobre o voto do analfabeto. Finalmente, no capítulo VII, sintetizo as idéias levantadas ao longo de todo o trabalho com um estudo de caso feito em Londrina. Além de um breve histórico da cidade, apresento a transcrição de entrevistas gravadas ao longo de trabalhosos meses, de onde emerge o pensamento de pessoas analfabetas, de origem rural, com renda de até dois salários mínimos, as quais se expressaram com relação à política e aos políticos.

Um esforço assim não é tão fácil como pode parecer à primeira vista. Requer elaboração intelectual que não provém de modos de pensar aleatórios ou da inspiração dos poetas. Demanda disciplina constante, sacrifícios de ordem pessoal e uma constância que não permite interrupções e devaneios. Significa testar nossa capacidade crítica e criativa para ir ao encalço do que Alain Touraine denominou de "juízo crítico em alerta" que nos faz substituir "as filosofias teóricas da revolução por uma vontade de demonstrar o real". No mais, o que importa de verdade é discorrer sobre nosso tempo e nossa sociedade. Pensar e fazer pensar. Este é o desafio pelo qual se opta e que é capaz de dar algum sentido às nossas provisórias existências individuais. Através do ato de escrever, pode-se tentar uma das formas de incorporação ao coletivo, o que dá ao ser humano o seu significado e sua dimensão societária.

Este ensaio, feito para ser ultrapassado por outros pesquisadores, pretendeu, a par de suas limitações, conter alguma contribuição original a fim de fazer avançar um pouco mais a compreensão dos comportamentos do Homem e de nossa sociedade. Se esta intenção for alcançada, pelo menos numa pequena parte, valeu a pena todo o esforço.

MARIA LUCIA VICTOR BARBOSA
Londrina, julho de 1987

capítulo I

Algumas Reflexões sobre o País do Contraste

...a perdição do pobre é a sua pobreza, e o estudo das causas da pobreza é o estudo da degradação de uma grande parte da humanidade.

ALFRED MARSHALL

Pobreza: uma questão muito antiga

A pobreza que, como categoria social, costuma ser medida estatisticamente, sobretudo através de critérios baseados em níveis de renda, é visível a olho nu, incomoda a todos em geral e é a maior desgraça que pode haver sobre a face da terra, especialmente para os que são pobres.

Tendo sempre existido, a pobreza foi considerada durante muito tempo como algo natural. Atualmente, muitos ainda pensam assim.

Na Antiguidade, Aristóteles considerava a escravidão como uma regra da natureza. Os escravos pareciam concordar com ele. É mais provável que o declínio da escravidão tenha tido como causas a própria ineficiência do trabalho escravo, assim como as limitações que foram surgindo ao poder do senhor. Entretanto, a escravidão é a forma mais extrema de desigualdade e de pobreza. Senhor e escravo revelam a relação de domínio em que o segundo aparece como possessão ou propriedade do primeiro, sem direitos políticos e socialmente desprezado.

Na Europa medieval, quando no século XII a servidão crescia, teorias legais justificavam os estados ou estamentos feudais. Sem direito à justiça, aos instrumentos e coisas que utilizavam, sujeitos a multas, sofrendo penalidades diferentes impostas a crimes semelhantes, os miseráveis servos, assim como os componentes da nobreza e do clero, deviam considerar tudo muito natural.

A patrir da Revolução Industrial, "classe pobre", "classe trabalhadora", "proletariado", eram termos que designavam o assalariado. As péssimas condições de vida, a ausência de direitos, as jornadas absurdas de trabalho, compõem o conhecido quadro do início da Revolução Industrial, pintado geralmente de forma dantesca, É nessa conjuntura histórica que a pobreza começa a deixar de ser vista como problema natural e passa a integrar os estudos e análises da nova ciência surgida no século passado, a sociologia. Através dos "levantamentos sociais", que até hoje constituem um método importante em pesquisa sociológica, objetivou-se aplicar o conhecimento exato à reforma social e, assim, atenuar os efeitos da velocidade das mudanças ocorridas de uma forma nunca antes havida na humanidade.

Se, por um lado, obras pioneiras, como as de Condorcet, tentando estabelecer uma *mathématique sociale,* ou de Quételet, criando o conceito de *physique sociale*, assim como outros estudos importantes, não conseguiram remover ou mesmo minorar os males da pobreza, pelo menos lançaram consideráveis luzes de compreensão sobre um fenômeno que até então fora aceito como condição natural ou castigo divino. O que importa é que sociólogos e também economistas passaram a interpretar a pobreza como objeto social sujeito a estudo e passível de alteração.

Na pesquisa que combina descrição monográfica e estatística, de Le Play e seus discípulos, até *Le suicide,* de Durkheim, a sociologia se afirmou, e a eficácia de métodos empíricos e estatísticos consistiu em esclarecer a correlação entre fenômenos sociais.

Os exageros, porém, da quantificação, resultantes dos primeiros esforços sociológicos, e que se aplicaram de forma abundante no estudo da pobreza, levariam a críticas como as de Bachelard que muito bem afirmou em *La formation de l'esprit scientifique,* que "é mais importante compreender um fenômeno do que medi-lo".

Sem a intenção de aprofundar tal tipo de discussão, é preciso, contudo, considerar dois aspectos importantes no tocante às análises relativas à pobreza: primeiro, evitando a tendência para excessos sociométricos, é necessário que se identifique a pobreza através da combinação de alguns indicadores econômicos, sociais e políticos; segundo, que se compreenda que a definição do que se entende por pobreza varia de acordo com o nível de desenvolvimento de cada sociedade, o que não exclui o fato do pobre do país mais rico se sentir tão desgraçado quanto aquele do país mais pobre.

Em todo caso, se a pobreza é variável, se comporta várias gradações, existe indubitavelmente uma essência permanente, uma constância em meio às transformações no tocante à desgraça de ser pobre, em qualquer época, em qualquer lugar, pois, enquanto a riqueza propicia um processo cumulativo de benefícios de toda ordem, a pobreza é o avesso deste, gerando para os indivíduos pobres uma "causação circular negativa", relacionada a tudo que poderia traduzir bem-estar e progresso.

Os pobres nossos de cada dia

Essa questão muito antiga é o grande dilema brasileiro de hoje. Sob seu peso, podemos sucumbir, pois a pobreza significa a degradação não apenas de quem é pobre, mas da nação que comporta a pobreza.

Em *Principles of Economics*, publicado em 1890, o economista Alfred Marshall expressou com extraordinária lucidez as condições reinantes em sua época:

> ... há grandes contingentes da população, tanto na cidade como no campo, que crescem com insuficiência de alimentos, de vestuário e de alojamentos, com educação cedo interrompida a fim de irem ganhar o sustento no trabalho, ocupando-se desde então durante longas horas em esforços exaustivos com corpos mal nutridos, e não tendo assim oportunidade de desenvolver suas mais altas faculdades mentais.

Esta descrição feita há praticamente um século, num outro país, a Inglaterra, lembra um problema que é nosso, em que pese, é claro, nossa especificidade: a situação de milhões de brasileiros. Especialmente, as condições de vida daqueles que são chamados de "miseráveis", "indigentes", "marginais", "carentes", "desenraizados", "dependentes", "oprimidos", "despossuídos", "lumpesinato", "pobreza absoluta", etc. São eles o foco desta pesquisa. Aqui, interessa a "pobreza extrema", tomando emprestado o termo de Marshall, para significar conceitualmente os contrastes entre essa categoria social e o bem-estar.

Logo de início chama a atenção o fato de que, apesar do crescimento ocorrido no Brasil, impressionante segundo Wanderley Guilherme dos Santos "sobretudo pelo seu caráter diferenciado e sofisticado", o desnível entre pobres e ricos demonstra uma desigualdade marcante na distribuição da renda. Nesse sentido, "os 50% mais pobres do país percebem apenas (1983) 13,6% da renda total. Os 10% mais ricos têm acesso a 46,2% dessa renda, de que os 5% mais ricos detêm 33,0%".[1]

Com relação à renda familiar, a Pesquisa Nacional por Amostra de Domicílios (PNDA) feita pelo IBGE em 1984, num total de 31.075.602 famílias, apurou que 4% não têm rendimentos, 24,3% têm rendimentos de até um salário mínimo, e 24,3% possuem rendimentos de mais de um a dois salários mínimos. Isto significa que 52,6%, ou seja, mais da metade das famílias brasileiras, encontram-se na faixa da pobreza extrema, sem condições adequadas de alimentação, vestuário, habitação, saúde, educação, justiça, saneamento, transporte e lazer, para citar algumas necessidades primárias sem as quais é impossível uma vida humana digna. Essa massa pobre que sobrevive com até dois salários mínimos, ou o equivalente a isto, será objeto deste estudo. Se o critério renda não é único nem suficiente para avaliar a pobreza, num primeiro momento não deixa de ser um indicador importante do qual decorrem outros, servindo ao mesmo tempo como um delimitador básico do objeto da análise que se intenta realizar.

Ainda com intenção de delimitar, acrescente-se que aqui interessa a pobreza urbanizada, ou seja, aquela massa majoritariamente pobre, que num movimento que não é peculiar do Brasil, porquanto pode ser observado como tendência mundial, vem se deslocando do setor rural para o urbano em busca de melhores oportunidades de vida.

Globalmente, entre 1940 e 1980, a população urbana brasileira passou de 31,2% em 1940 para 67,6% em 1980, o que resultou num processo de mudança social, incluindo a alteração de certas dimensões societárias entre as quais aquela que aqui interessa de forma especial, ou seja, a dimensão política da pobreza.

A espetacular evolução do processo brasileiro de urbanização pode ser melhor observada na tabela que se segue:

---

1 Hélio Jaguaribe e outros, *Brasil, 2000 — para um novo pacto social*, Rio de Janeiro, Paz e Terra, 1986, p. 18.

TABELA I

% da população urbana e rural (1940-1980)

	40	*50*	*60*	*70*	*80*
Urbana	31,23	36,16	44,67	55,92	67,59
Rural	68,76	63,84	55,32	44,07	32,43

Fonte: FIBGE, *Anuário Estatístico do Brasil*, 1981, cap. 5, tabelas 9 e 10, conforme Wanderley Guilherme dos Santos, "A pós-revolução brasileira", *in* Hélio Jaguaribe e outros, *Brasil, Sociedade Democrática*, Rio de Janeiro, José Olympio Editora, 1985, tabela V, p. 317.

Aglomerada especialmente nos grandes centros, a pobreza extrema compõe o submundo de onde emerge o contraste. Como um anel degradante, o qual costuma-se denominar de periferia, circunda o urbano de luxos e lojas, de prédios e praças, de casas e carros, de tudo o que fulgura e brilha e que esmaece e acinzenta na medida em que se aproxima do "território" das favelas, dos bairros pobres, dos cortiços, onde uma subcultura de mundo cão mantém suas leis e códigos, seus símbolos e crenças, seus valores e aspirações.

Verdadeiro espanto como arte de sobreviver, desafio ao absurdo, antítese de maneira alguma revolucionária, essa massa degradada por sua condição miserável está a merecer sempre novas reflexões apesar de quantas já tenham sido feitas, inclusive, na atualidade, quando autores brasileiros chegam a apresentar sugestões na tentativa de atenuar o peso sob o qual verga o próprio progresso da nação: sua pobreza extrema.

Explodindo em violência e tragédia, o cotidiano do pobre, feito de carências de toda espécie, é ao mesmo tempo pleno de malandragem, de fantasia, de misticismo, de magia, de festa, de humor, como o avesso da miserabilidade.

Não há só desespero como deveria ser. Freqüentemente, é a esperança que reina soberana sobre eles, e um imediatismo de quem, não tendo muito a planejar para o futuro, faz das pequenas coisas grandes prazeres, como se fossem conquistas sobre a desgraça.

Existem, pois, certas dimensões a serem apreendidas na pobreza. Não basta apenas quantificá-la, medi-la ou mesmo tentar explicá-la através de seu aspecto mais evidente, o econômico. Este choca ou horroriza. Provoca piedade ou desprezo. Suscita providências governamentais ou indiferença. Entretanto, a pobreza é também categoria política e como tal comporta uma subcultura específica dentro da sociedade global em que se encontra. Nesse sentido não existe apenas uma escassez de recursos econômicos e sociais para os indivíduos que são pobres. Há também uma escassez de "recursos políticos",[2] provenientes do nosso "subdesenvolvimento político",[3] o qual, por sua vez, coexiste com uma "modernização política".[4]

Nem tudo é atraso

Quantas e quantas vezes, estudiosos, incluindo inúmeros estrangeiros, observaram nossos contrastes. Eles persistem, fazendo deste país-continente que consegue manter sua unidade territorial, populacional e governamental em meio às disparidades de classes e regiões, o país do absurdo. Afinal, como tantos já notaram, são vários brasis. Basicamente, são dois: o Brasil do atraso e o Brasil do progresso. Falar de um sem comentar o outro, seria como ser guia de turistas, e aqui interessa redescobrir o Brasil, nem que seja para desbravar-lhe uma pequena parte. Nesse sentido, recorde-se, para que não haja fixação apenas numa imagem "africanizada", que, apesar da existência da pobreza extrema com seu séquito de desgraças, somos em parte modernizados. O processo de industrialização iniciado nos governos de Getúlio Vargas e Juscelino Kubitschek, ape-

---

2 Robert A. Dahl criou o termo "recurso político" (*L'analyse politique contemporaine,* 1973, p. 94) significando "o meio pelo qual uma pessoa pode influenciar o comportamento de outrem" através de instrumentos da influência política tais como: dinheiro, informação, tempo, posição social, direito de voto, saber, relações, etc. A noção de recurso político foi calcada na de recurso econômico.

3 O subdesenvolvimento político significa, como o subdesenvolvimento econômico, atraso em relação a sociedades mais avançadas.

4 "Assim como se falava de desenvolvimento ou de modernização econômicas, fala-se agora de 'desenvolvimento' ou 'modernização' políticas, para designar o processo que assinala a passagem do sistema político tradicional ao sistema político moderno. Tal como existem economias em via de desenvolvimento, existem também sistemas políticos em via de modernização (*modernizing systems*)." Roger-Gérard Schwartzenberg, *Sociologia política,* Rio de Janeiro, Difel, 1977, p. 240.

sar das descontinuidades das políticas governamentais subseqüentes e das conjunturas internas e externas muitas vezes adversas, desembocou no atual perfil urbano e industrial. Hoje se fala num Brasil cuja economia ocupa o oitavo lugar entre as nações industrializadas.

Estas observações, longe de quererem atestar uma atitude ufanista, significam tão-somente que, apesar dos contrastes — onde um setor modernizado e industrializado convive com outro pleno de características de subdesenvolvimento, entre as quais se observa a disparidade de classes sociais numa economia altamente concentradora de rendas —, não se pode afirmar, usando a expressão de Emil Farhat, que somos o "país dos coitadinhos".

Entrementes, profundamente interligado ao subdesenvolvimento econômico, evidencia-se também um subdesenvolvimento político, cujas causas se prendem às nossas origens, o qual por sua vez coexiste com o que se pode denominar de modernização política.

No tocante a essa modernização, é bastante significativa a multiplicidade de grupos de interesse e grupos de pressão já existentes na sociedade civil. O processo desenvolvimentista-industrial surgido, como já se viu, a partir principalmente dos governos Vargas e Kubitschek, e a concomitante expansão urbana, originaram novos estratos sociais importantes tais como "um moderno empresariado, uma nova classe média de nível universitário que vem assumindo funções técnicas e gerenciais, além de um operariado especializado e qualificado".[5] Esses estratos modernos que se concentram nos centros urbanos mais adiantados, notadamente São Paulo, vêm se organizando em grupos de interesse e grupos de pressão, capazes de movimentos reivindicatórios, cujos níveis de mobilização e negociação acabam muitas vezes influenciando o direcionamento de certas decisões governamentais a favor de suas aspirações.

Sobretudo a partir da década de 70, acentuou-se o papel de oposição de determinadas organizações civis ao governo militar, num processo que significou o descontentamento especialmente da classe média com relação ao desgaste do "milagre econômico", e o cansaço perante os atos de exceção, o que fundamentalmente contribuiu para deslegitimizar aquele governo. E, na medida em que durante

5 A respeito dos novos estratos sociais ver Hélio Jaguaribe, *Sociedade e política — um estudo sobre a atualidade brasileira,* Rio de Janeiro, Jorge Zahar Editor, 1985, cap. I, pp. 11-13.

os vinte anos sob o poder militar o Congresso esteve praticamente silenciado, a imprensa não pôde exercer seu papel crítico e os partidos políticos, sempre frágeis, se enfraqueceram ainda mais no sentido de sua função de articuladores de interesses dos vários grupos da sociedade civil junto ao sistema político, algumas entidades, como a Ordem dos Advogados do Brasil, OAB; a Associação Brasileira de Imprensa, ABI; a Federação das Indústrias do Estado de São Paulo, FIESP, a Conferência Nacional dos Bispos do Brasil CNBB, etc., emergiram na defesa do Estado de Direito. Como grupos de interesse transformados em grupos de pressão, tais entidades se destacaram como substitutos funcionais dos partidos políticos. No momento, sobretudo a OAB e a CNBB, continuam a querer representar os interesses políticos da maioria da nação apesar da mudança da situação, o que significa uma distorção e um distanciamento de seus objetivos específicos.

Além do mais, coincidindo com o início do processo de abertura verificado em 1974 no governo Geisel e a diversificação industrial, os sindicatos começaram a evoluir num sentido eminentemente contestatório e político com relação ao Estado. Atualmente, salienta-se o elemento muito mais político presente nas reivindicações e greves deflagradas pelas cúpulas dirigentes da Central Geral dos Trabalhadores (CGT) e, em especial, da Central Única dos Trabalhadores (CUT), sendo esta como que um prolongamento do Partido dos Trabalhadores (PT).

Ao mesmo tempo, cresceu a organização dos trabalhadores rurais em sindicatos, tendo, inclusive, surgido a Confederação Nacional de Trabalhadores Agrícolas, CONTAG:

> De 1976 a 1983, os sindicalizados passam, em números absolutos, de pouco mais de três milhões para mais de oito milhões de pessoas, correspondendo a um acréscimo de 174%, constituindo hoje mais de 50% dos sindicalizados de todo o país, embora não ultrapasse os 30% da população economicamente ativa.[6]

Não se pode também deixar de mencionar, como esforço organizador da sociedade civil, as associações de moradores. Espalhadas

[6] Wanderley Guilherme dos Santos. "A pós-'revolução' brasileira", seção IV, p. 285, *in* Hélio Jaguaribe e outros, *Brasil, sociedade democrática,* Rio de Janeiro, José Olympio Editora, 1985.

por muitas cidades brasileiras e não apenas nas capitais, englobando desde as associações de favelados e de bairros mais pobres até as de classe média, essas organizações, em que pese as manipulações que possam sofrer, sobretudo as da periferia, em termos ideológicos, expressam em muitos casos uma razoável capacidade de equacionamento dos respectivos problemas grupais, assim como de propostas de solução dos mesmos através da iniciativa dos próprios moradores, ou da obtenção do atendimento das reivindicações via poderes públicos.

Entre os aspectos que poderiam ser analisados pelos estudiosos de movimentos urbanos significativos, no que se refere às associações de moradores, sem dúvida deveriam ser ressaltados, entre outros, primeiro a formação de um certo espírito associativo entre esses grupos, tendo em vista a resolução de seus problemas comuns, segundo a capacidade de representação dos vários grupamentos perante as autoridades públicas através de suas lideranças.

Se nossas associações diferem, como não poderia deixar de ser, das "liberdades locais" tão apreciadas por Alexis de Tocqueville quando de sua visita aos Estados Unidos, e por ele analisadas em *A Democracia na América,* escrita entre 1835 e 1840, quando louva a capacidade dos americanos de lutarem por si próprios, sem apelo ao poder público, pelo menos podem ser consideradas como esboços das "corporações intermediárias ou secundárias" que funcionam nas democracias como obstáculos ao exercício desenfreado do poder estatal. E não deixa de ser interessante a constatação desse embrionário espírito associativo numa sociedade como a nossa, marcada desde o seu início por uma tendência extremamente individualista.

Além da multiplicidade dos grupos de pressão, que malgrado muitas distorções já evidenciam uma certa diversificação de desempenhos da sociedade civil, assinale-se ainda, como parâmetro de modernidade política, as funções diferenciadas exercidas pelos órgãos de comunicação, pelos partidos e pelos órgãos legislativos, administrativos e judiciários.

Se nossas instituições estão longe de alcançar o desempenho daquelas das sociedades desenvolvidas, pelo menos não se pode negar que nossa "diferenciação estrutural", usando o termo de Gabriel Almond, difere em grau bem acentuado do que existe nas sociedades tradicionais, onde essa "divisão de trabalho" não acontece, fundindo-se e confundindo-se as funções políticas, as quais são exercidas pelos mesmos órgãos e por poucos indivíduos ou grupos sociais.

Ainda um aspecto importante a ser ressaltado como característica de modernização política refere-se à participação popular. Se, no caso brasileiro, esse despertar político dos indivíduos que os transforma em cidadãos ativos compreende um processo, uma progressiva transformação, que está longe da lúcida vigília política que parece manter certos povos atentos aos fatos políticos de seus respectivos países, pelo menos têm ocorrido ultimamente certas reações populares, que ao invés de se aterem a movimentos isolados e localizados se processam em termos de consenso, ou seja, a sociedade reage quase como um todo unificado. Vejamos as circunstâncias que desencadearam tal fenômeno.

Dos cantos aos recantos as imensidões se uniram

As insatisfações acumuladas durante o governo militar garantiriam ao término do mesmo, ao Partido do Movimento Democrático, PMDB, símbolo de oposição ao regime que se exauria, e aos meios de comunicação, notadamente a influente Rede Globo de Televisão, um público especialmente receptivo a mensagens de esperança e renovação.

A campanha das "diretas já", para presidente da República, levou, ao que poderia se denominar de *showmícios,* multidões festivas a aplaudir entusiasticamente tanto os políticos oradores quanto os artistas preferidos do grande público.

Se para as massas que acorreram às praças públicas prevaleceram mais as emoções, o divertimento, o aspecto lúdico da política, do que a capacidade de converter aspirações confusas em reivindicações mais consistentes, pode-se dizer que os palcos-palanques das "diretas já" foram um ponto de partida importante dentro do processo de consenso nacional.

Se não houve a eleição presidencial direta, aconteceu a emergência de uma liderança civil na pessoa de Tancredo de Almeida Neves, indicado pelo Colégio Eleitoral, mas capaz de sensibilizar a maioria dos brasileiros. A tragédia que, à véspera da posse, imobilizou o presidente numa mesa de operação no Hospital de Base de Brasília, o longo martírio de sua doença, acompanhado por todo o país através dos meios de comunicação, especialmente pela Rede Globo, finalmente, a morte daquele que para a imensa maioria simbolizava esperanças e mudanças, unificou de forma momentânea, porém intensa, gente de todos os cantos e recantos dessas imensidões.

O processo consensual haveria de continuar baseado ainda em emoções. Produzia-se, entretanto, uma reação que, em grau diferenciado, reúne ao sentimento a cognição, e em nações democráticas e desenvolvidas costuma justapor sociedade civil e Estado num movimento de controle recíproco.

No nosso caso, naturalmente ainda estamos longe de um controle ideal por parte da sociedade civil. Além do subdesenvolvimento econômico e social, que sujeita grandes massas de pobreza ao atraso, não existe uma evolução política otimizada com relação ao próprio Estado, em que pese a multifuncionalidade dos organismos, já citada. Se já ocorre um certo nível de modernização, ainda estamos, inclusive, bem distantes daquilo que L. W. Pye conceituou como desenvolvimento político, ou seja: "uma capacidade acrescida do sistema político para conduzir os negócios públicos, para regularizar conflitos, para satisfazer as exigências populares".[7] Porém, uma transformação bastante significativa vinha acontecendo em termos de reação popular.

Em 28 de fevereiro de 1986, o pacote de medidas econômicas, baixadas através de decreto-lei pelo presidente José Sarney, entre as quais se destacavam o congelamento de todos os preços, tarifas, serviços e salários, surpreendeu o Congresso, os grupos de pressão mais expressivos, e tornou o povo eufórico. É que a inflação explosiva, que chegava a 14% ao mês, afetava de maneira drástica a todas as camadas da sociedade e punha em risco a sobrevivência da chamada Nova República. A situação crítica, onde se tornavam cada vez mais graves e profundos os desequilíbrios da economia brasileira, acabou, pois, desembocando na tentativa, por parte do governo, de melhor "conduzir os negócios públicos, regularizar conflitos, satisfazer exigências populares". Mais que os efeitos econômicos, as críticas, os detalhamentos do chamado Plano Cruzado — também conhecido como choque heterodoxo e que fracassaria nove meses depois —, cabe aqui salientar o efeito político mais importante do elenco de medidas adotadas pela equipe do presidente Sarney, ou

7 L. Pye e S. Verba, *Political Culture and Political Development*, Princeton, 1965, p. 13.

seja, aconteceu de novo o consenso da sociedade sob o impacto inicial de tais medidas.

As respostas mais evidentes ao Plano Cruzado ficaram, como já era de se esperar, com a classe média. Assumindo o papel de "fiscais do Sarney" que comunicavam entusiasticamente à Superintendência Nacional de Abastecimento, SUNAB, e à Polícia Federal na esperança de que fossem punidos os comerciantes que tentavam remarcar os preços, as pessoas pertencentes à classe média adotaram o *slogan* tantas vezes difundido e martelado pelos meios de comunicação: "tem que dar certo."

Não é novidade uma reação da sociedade civil brasileira através de atitudes e ações provenientes da classe média. Isso vem acontecendo mesmo antes da proclamação da República. Porém, se essa classe exerce de alguma forma o controle do poder, inclusive através da opinião pública, não chega a receber os benefícios do poder, concentrados nas mãos das classes dirigentes. Imprensado entre os ricos que tudo têm e nada perdem, e os pobres "que tudo têm a ganhar e nada a perder", esse estrato mais vaidoso da sociedade suportou sempre de forma mais intensa o ônus das crises. Sendo atingidos pelo rebaixamento de seu poder aquisitivo em suas necessidades básicas de alimentação, educação, saúde, etc., os indivíduos da classe média ainda sofrem a impossibilidade de externar suas simulações de *status* através do consumo ostentatório de carros, roupas, artigos de luxo, forma de lazer, etc., que traduzem a aparência de êxito, e os podem aproximar, através de um processo de imitação, dos padrões de vida, dos realmente ricos.

Em fevereiro de 86, a classe média beirava o insuportável, na medida em que a inflação corroía salários e aspirações de forma brutal. Isto não quer dizer que havia uma "proletarização" nem tampouco que outras camadas sociais não estivessem também sofrendo com a situação extremamente difícil daquele momento. Porém, atitudes e reações políticas sempre foram muito mais evidentes na classe média, sendo quase inexistente em meio àqueles que, por sua condição de miséria, teriam ainda mais razões para tentar reverter situações extremamente adversas.

Não se pode, entretanto, afirmar que já não exista participação política no Brasil, por parte da massa pobre. Esta comporta gradações que vão da pobreza extrema ao que antigamente se chamava de pobre remediado, e que hoje costuma ser denominado de classe média baixa. Essas massas de pobreza vêm aumentando e marcando presença nas ruas, nas praças, nos cinemas, nos campos de futebol, nos transportes coletivos, nas eleições. Estão por toda parte, como se brotassem dos poros do tecido social. E são os habitantes das periferias que começam a influir no tipo das escolhas políticas através do peso numérico do seu voto.

Além do mais, como já se viu, as massas vêm sendo organizadas em sindicatos, associações de moradores, clubes de mães, etc. Paralelamente a essa organização, existe a difusão de informações — em que pesem as conhecidas distorções e manipulações — através sobretudo do rádio e da televisão, e a influência da classe média através de seu importante papel de formação de opinião pública.

Diante desse processo que vai se desenrolando, pode-se verificar que se, por um lado, não existe um "proletariado para si", consciente e revolucionário, apto a tomar o poder e instalar sua "ditadura", por outro, as mistificações do poder político sobre as massas encontram atualmente certos limites que antes não existiam, como, por exemplo, a incerteza na compra do voto por parte de candidatos a cargos eletivos ou a redução do "coronelismo". Permanece, entretanto, a ilimitada força sobre a massa, do carisma e da mentira política, irresistíveis, diga-se de passagem, para todos os povos, de todas as sociedades e de todas as épocas.

Em todo caso, ficou bem claro, na ocasião do lançamento do Plano Cruzado, que as massas de pobreza, juntamente com as classes médias, participaram do consenso nacional. Se possivelmente o fizeram num outro nível de compreensão, o fato é que também compareceram aos comícios das "diretas já", choraram por Tancredo Neves e aderiram ao Plano Cruzado, que, enquanto durou, melhorou o poder aquisitivo de todo o povo brasileiro.

Portanto, com exceção de algumas críticas feitas na época às medidas presidenciais, como, por exemplo, as do PT e do então governador do Rio de Janeiro, Leonel Brizola, o consenso aconteceu. Se mais tarde vieram o fracasso e a desilusão, o que importou, politicamente, foi que dessa união nacional esboçou-se, ainda que de forma incipiente e temporária, o "cidadanismo", que defende não interesses particulares, mas o interesse geral, e que é tão comum e tão forte, por exemplo, nos Estados Unidos, e tão raro entre nós.

O lastro deixado por essas recentes experiências desembocaria na surpreendente votação em branco, ocorrida, frise-se bem, de forma espontânea, nas eleições de 15 de novembro de 1986.

Registre-se, ainda, que a renovação na Câmara dos Deputados foi de 61,8% nessas eleições.

Esses fatos apontam no sentido de alguma modernização por parte da sociedade civil. É preciso, entretanto, compreender que o acesso à modernidade política implica um processo, estando este, por sua vez, intimamente correlacionado à evolução econômica e social. No caso brasileiro, em que pesem nossos avanços, prevalece, como não poderia deixar de ser, dadas as nossas origens históricas e culturais, o subdesenvolvimento político. Isso não advém, como muitos pensam, apenas da ignorância das massas pobres e deseducadas, porquanto, de uma maneira geral, e desde o início de nossa formação, pesou negativamente o fato das classes dirigentes apresentarem acentuadas características, tais como: corrupção, nepotismo, inconsistência ideológica, ausência de visão de bem comum, demagogia, oportunismo, fisiologismo. Resumindo: o exercício do poder público no Brasil quase sempre traduziu incompetência crônica conjugada a malandragem, almejando seus detentores muito mais as delícias do poder do que seus ônus e responsabilidades.

Na verdade, tudo começou há muito tempo. Querer entender o que somos hoje, sem uma olhadela no passado, é impossível. As relações entre Estado e sociedade civil, entre elites dirigentes e massa, requerem um mínimo de recordação de história para se tornarem inteligíveis. E nesta busca de nossas origens, que não pretende uma exaustiva interpretação histórica ou cultural, poderá surgir um fio condutor que ajude a compreender nosso subdesenvolvimento político. Esse fio condutor tentará alcançar algumas das essências ocultas sob superfícies de radicalismo, de ufanismo, de xenofobismo, de pernosticismo, tão comuns nas análises sobre nossa realidade. Uma das essências pode muito bem ser a ética da malandragem no país do “dá-se um jeito”.

capítulo II

Ah, Essas Nossas Origens!

A democracia no Brasil sempre foi um lamentável mal-entendido.

SÉRGIO BUARQUE DE HOLANDA

Recordar é viver

Nesta breve recordação do nosso passado, é preciso que fique claro, inicialmente, que não há nenhuma intenção de se colocar a culpa de tudo no estrangeiro, como às vezes se costuma fazer. Mesmo porque o sentimento de xenofobismo não teria razão de ser em relação ao português. Em grande parte nada mais somos do que decorrência e conseqüência daqueles que originalmente produziram nossa estrutura econômica, social, política e cultural, a qual, tendo evoluído e fluído para compor uma realidade peculiarmente nossa, traz ainda as marcas inconfundíveis da hereditariedade. Tampouco faria sentido se querer ver aqui qualquer tendência preconceituosa de caráter racial, quando mais adiante se fizer menção ao escravo. O que desejamos é relembrar certos aspectos de nossa realidade, única maneira de encarar de frente nossos desafios para tentar superá-los a partir do conhecimento do que fomos.

Isto posto, podemos partir para a afirmação de que as causas do nosso subdesenvolvimento, incluindo o aspecto político, estão profundamente vinculadas a uma evolução que suportou trezentos anos de domínio português. Três séculos sob a influência do atrasado Portugal da Contra-Reforma, cujos reis não primavam por competência, responsabilidade ou brilhantismo, e que preferiam esbanjar as riquezas, oriundas da colônia brasileira, no fausto de suas cortes e na licenciosidade de suas vidas. Um reino que, através de acordos feitos com a Inglaterra, transformou-se em vassalo daquele país.

Exceção em parte se faça ao reinado de D. José I (1750-1777), não por sua capacidade própria, mas pelo fato de ter tido como administrador o Marquês de Pombal. A obra empreendida por Pombal, através das reformas econômica, militar e cultural, melhoraram razoavelmente naquele período as condições de Portugal e acabaram repercutindo no Brasil. De maior importância, a expulsão dos jesuítas em 1759. O ato, sem dúvida corajoso do Marquês, contra a absolutista e poderosa ordem religiosa, permitiu a reforma da Universidade de Coimbra e imprimiu novos rumos à intelectualidade portuguesa, acostumada ao saber de erudição livresca imposto pelos jesuítas desde que D. João III, o Beato, filho de D. Manuel I, o Venturoso, iniciou a Contra-Reforma e entregou-lhes o ensino. Como bem explica Vicente Barretto:

> Durante o século XVII e a primeira metade do século XVIII, o Santo Ofício e rigidez pedagógica dos jesuítas mantiveram Portugal dentro de um mundo cada vez mais distanciado das novas conquistas do espírito humano. A Inquisição funcionava como reguladora das manifestações heréticas, mantendo a pureza da fé. Por outro lado, a *Ratio Studiorum* — conjunto de normas regulamentando cursos, programas, métodos e disciplinas nas escolas jesuítas — colocava, no cimo do saber, a teologia, e a esta subordinava todos os outros ramos do conhecimento. Desta forma evitava-se a influência de idéias e teorias que viessem de encontro à tradição oficialmente estabelecida.[1]

Portanto, quando Pombal expulsou os jesuítas, tal fato não significou apenas uma certa atualização do sistema pedagógico português, mas um golpe no retrógrado espírito da Contra-Reforma, avesso às idéias renovadoras e progressistas surgidas na Europa a partir do Renascimento. Ao mesmo tempo, e a partir do espaço aberto, ainda que temporariamente na sufocante tutela jesuíta, começou a germinar a idéia liberal, tanto em Portugal quanto no Brasil.

No caso brasileiro, ficam evidentes as distorções e limitações havidas com relação ao pensamento liberal por parte da elite nativa, a qual tendo estudado em Coimbra na época pombalina, o transportou para cá de forma fragmentada, especialmente no tocante ao

---

1 Vicente Barretto, *Curso de introdução ao pensamento político brasileiro*, Brasília, Editora Universidade de Brasília, 1982, Bloco II, pp. 20-21.

pensamento de Rousseau. É que, num país de estrutura agrária, sistema escravocrata, com população escassa e dispersa, plasmado numa mentalidade do que havia de mais atrasado na Europa, dificilmente poderiam se adequar os ideais rousseaunianos de liberdade e igualdade, teóricos inclusive para a França, ou mesmo poderia funcionar a democracia representativa da industrializada Inglaterra sob a inspiração de Locke.

Com a morte de D. José I, Pombal cai em desgraça. Assume o trono D. Maria I, quando tudo novamente regride e volta-se a sentir o autoritarismo clerical. É justamente nesse reinado que ocorre a fuga para o Brasil do Príncipe Regente D. João.

A vinda da família real padece de controvérsias acirradas por parte dos historiadores. Alguns vêem aspectos altamente positivos para o Brasil através das realizações do Regente, que em 1816 passa a D. João VI com a morte de sua mãe D. Maria I. Outros execram tal acontecimento, como o historiador Azevedo Amaral, que afirma em sua obra *A aventura política do Brasil,* que "em 1808 começa nossa descida aos infernos".

Sem querer esmiuçar tal polêmica ou aprofundar a discussão, lembremo-nos, de modo especial, a influência da presença de D. João VI e da corte portuguesa no caráter de nossa independência. Nesse sentido, nada melhor que rememorar Caio Prado Júnior:

> A intervenção de fatores por assim dizer estranhos ao Brasil, e que fazem dele momentaneamente sede da monarquia portuguesa, emprestam à independência brasileira um caráter em que faltam a violência e os conflitos armados que observamos nas demais colônias americanas. Tivemos um período de transição em que, sem sermos ainda uma nação de todo autônoma, não éramos tampouco propriamente uma colônia. Mas no fundo o fenômeno é o mesmo. Realizada por esta ou aquela forma, a emancipação de uma colônia resulta sempre de sua evolução econômica incompatível com o estatuto colonial. E se nos foi poupada uma luta de proporções consideráveis, a exemplo da América espanhola ou inglesa, tivemos doutro lado, para o estabelecimento definitivo da nossa autonomia, que arcar com dificuldades não menos sérias, ainda que de outra natureza.[2]

[2] Caio Prado Júnior, *Evolução política do Brasil e outros estudos,* São Paulo, Editora Brasiliense, 1957, p. 49.

Entre as "dificuldades" mencionadas por Caio Prado Júnior, podemos perceber algumas que jamais abandonaram nossa vida política, em que pese a diferença das situações históricas posteriores. Na época, ressaltavam-se o "caráter de arranjo político" e as "manobras de bastidores" durante os meses que antecederam a partida de D. João VI. E, até a proclamação de nossa Independência, prevaleceram os interesses das elites, sendo o papel de D. Pedro I "ocasional" e o do povo praticamente nulo, sem a menor participação ou interferência direta no desenrolar dos acontecimentos.

Essa implantação política evoluirá de forma quase monótona, repetindo constantes tais como o distanciamento entre o Estado patrimonialista e a sociedade civil, e a alienação das massas sob o comando de elites, cujas características sempre foram de maneira geral as da incompetência conjugada à malandragem, com honrosas exceções, é claro.

Desde o início, relacionado ao sistema econômico, político e social implantado pelo português, forja-se uma mentalidade com relação ao povo que já pode ser percebida através, por exemplo, da obra de Hipólito da Costa, uma das figuras mais representativas do liberalismo brasileiro. Em 1809, preocupado com a necessidade de reformar as instituições políticas portuguesas, ele afirmara:

> Não quero pois entender, de forma alguma, por governo popular a entrega da autoridade suprema nas mãos da população ignorante, porque isso é o que constitui verdadeiramente a anarquia, e nesta se deve cair necessariamente todas as vezes em que o vigor e o entusiasmo do povo excedam a energia e o talento dos que governam.
>
> Ninguém deseja, mais do que nós, as reformas úteis, mas ninguém aborrece, mais do que nós, sejam essas reformas feitas pelo povo. Reconhecemos as más conseqüências desse modo de reformar. Desejamos as reformas feitas pelo Governo e exigimos que as deve fazer enquanto é tempo para que se evite serem feitas pelo povo.[3]

O processo de exclusão popular teria continuidade quando o Estado brasileiro se organizou através do projeto constitucional elaborado pela Assembléia Constituinte de 1823. Os constituintes elei-

---

[3] Hipólito da Costa, *Correio Brasiliense,* II, 175, fev./1809, in Vicente Barretto, ob. cit., pp. 53-54.

tos, em número de 100, traduziram em vários artigos uma espécie de restrições aos interesses portugueses, ao mesmo tempo que respaldaram os interesses dos grandes proprietários rurais brasileiros.

Os choques de poder entre o Imperador e os parlamentares, notadamente os Andrada, levariam D. Pedro I a dissolver a Assembléia em 11 de novembro de 1823. Era inevitável tal atitude. Ninguém que usufrui o poder abre mão dele espontaneamente para outrem. D. Pedro nomeia então um grupo de dez notáveis para redigir um novo projeto constitucional, mas que em tudo era muito parecido com o anterior, exceto por um detalhe: ao lado dos Poderes Executivo, Legislativo e Judiciário, surge um quarto, o Poder Moderador, capaz de facultar ao Imperador atribuições tais como "escolha dos senadores, livre nomeação de ministros, veto dos atos do Poder Legislativo, etc.". Em que pese, porém, a existência da nova Constituição ao gosto de D. Pedro I, até 1826 este governará de forma absoluta, apoiado pelo partido português. Interessante é que durante aqueles dois anos, ou seja, até a convocação do Parlamento pelo Imperador, certas práticas exercidas pelo poder foram de muitas maneiras semelhantes às que vêm se repetindo ao longo da nossa história política, apesar de serem outras as circunstâncias e as formas de governo. Para constatar tais similitudes, basta recordar mais uma vez Caio Prado Júnior. Dirá ele a respeito de tal assunto:

> Sem o incômodo de câmaras hostis à sua política pôde o partido português manejar o poder a seu gosto. Suprimiu a liberdade de imprensa, encheu os cargos públicos de apaniguados, enquanto abertamente favorecia os interesses que representava.[4]

Diante de tais atitudes, é evidente que a grande maioria se quedava indiferente, distante dos bastidores do poder, sem nenhuma informação, e achando tudo muito natural. Ao mesmo tempo, as Instruções eleitorais determinadas pela Constituição, e que definiam através de um processo longo e complicado (as eleições comportavam duas fases distintas, as de 1º grau e as de 2º grau, e duravam vários dias) quem tinha acesso à representação, favoreciam muito poucos.

---

[4] Caio Prado Júnior, ob. cit., p. 58.

Dentro do espírito do liberalismo de Locke, que baseava a representação nas posses do indivíduo — "Segundo Tratado do Governo Civil" (1690) — a Constituição de 1824 determinava que, para alguém ser eleitor e elegível, deveria possuir certos bens. Além disso, existiam determinados critérios que acabavam de excluir a grande massa da população.

Mesmo correndo o risco de repetir o que já foi exposto por outros analistas e estudiosos de nossa realidade, recordemos que:

> Nas eleições primárias teriam voto os cidadãos brasileiros no gozo de seus direitos políticos e estrangeiros naturalizados, sendo excluídos de votar nas assembléias paroquiais os menores de 25 anos, religiosos, filhos-família, criados de servir e os que não tivessem de renda líquida anual 100$ "por bens de raiz, indústria, comércio ou emprego" (Const. 1824, art. 92).
>
> Podiam ser eleitores e votar na eleição dos deputados, senadores e membros dos Conselhos de Província, todos os que podiam votar na assembléia paroquial, excetuados: 1.°) os que não tivessem de renda líquida anual 200$ por bens de raiz, indústria, comércio ou emprego; 2.°) os libertos; 3.°) os criminosos pronunciados em querela ou devassa (art. 94).
>
> Todos os que pudessem ser eleitores seriam hábeis para serem "nomeados" deputados, excetuados: 1.°) os que não tivessem 400$ de renda líquida; 2.°) os estrangeiros naturalizados; 3.°) os que não fossem católicos, religião do Estado. Qualquer cidadão brasileiro poderia ser eleito deputado ou senador por qualquer província, mesmo quando aí não tivesse nascido, residido ou domiciliado.
>
> A eleição de senador seria feita pela mesma maneira da dos deputados, mas em lista tríplice sobre a qual o Imperador escolheria o terço na totalidade da lista. Constituíam requisitos para a eleição de senador: ser brasileiro acima de 40 anos, pessoa de saber e de preferência com serviços prestados à nação, e ter de rendimento anual por bens, indústria, comércio ou emprego a renda de 800$ (art. 75).[5]

Acrescente-se a isto que, desde o início, o processo eleitoral brasileiro foi marcado por tumultos, agressões físicas e, especialmente, por fraudes, que, segundo Vicente Barretto, são referidas de forma constante nos anais do Parlamento durante a fase imperial. Essencialmente é óbvio que nada disto mudou muito na atualidade.

---

5 Vicente Barretto, ob. cit., p. 68.

E assim, enquanto os proprietários, os "cidadãos de primeira classe", eram legalmente os detentores do poder, a maioria assistia ao desenrolar dos eventos mais marcantes havidos ao longo de nossa história — os quais estiveram longe de representar uma unidade nacional — sem que se pudesse entrever qualquer participação que refletisse uma consciência popular mais profunda. O "povo", quando esporadicamente envolvido, ia a reboque dos organizadores de determinados movimentos políticos importantes.

Com relação aos "organizadores", se observarmos, tomando como exemplo os inconfidentes mineiros e os revolucionários pernambucanos de 1817, veremos que representavam a emergência "de uma espécie de burguesia" inconformada com as exigências e medidas coercitivas de Portugal, já incompatíveis com o desenvolvimento brasileiro e, naturalmente, com seus interesses. Eram intelectuais, padres, comerciantes, militares, funcionários, artesãos, constituindo a classe média nascente que no século XVIII sedimentou as idéias liberais. Muito mais, todavia, do que a defesa da "gente comum", ou a abolição da escravidão, interessava-lhes o acesso ao poder. Isto, sim, é essencial a qualquer revolucionário. O resto é retórica.

Conforme Vicente Barretto, "a escravidão foi tratada, pelos inconfidentes, como uma questão de propriedade e de instrumento de trabalho e nunca como um problema de igualdade de seres humanos". E a "conceituação liberal da propriedade como protetora e sinal da liberdade individual era complementada na imaginação política dos revolucionários de 1817 pela tese de Rousseau sobre a escravidão. Desde que a propriedade seja a forma de manutenção da liberdade, esta é, às vezes, diz Rousseau, baseada na escravidão".

A diferença entre uma bela retórica e a ação prática pode ser também percebida recordando-se um trecho da fala de D. Pedro I, quando da instalação por este da Assembléia Constituinte:

> ... uma Constituição sábia, justa e executável, ditada pela razão e não pelo capricho, que tenha em vista tão-somente a felicidade geral, que nunca pode ser grande, sem que esta Constituição tenha bases sólidas, bases que a sabedoria dos séculos tenha mostrado que são as verdadeiras, para darem uma justa liberdade aos povos e toda a força necessária ao Poder Executivo.

Como se nota, nosso executivo já nasceu forte, assim permanecendo até hoje. Entretanto, "a felicidade geral" e a "justa liberdade dos povos" sempre deixaram bastante a desejar, sem que estes últimos assumissem atitudes revolucionárias contra os poderes constituídos.

A explicação dessa passividade deve ser buscada nas nossas raízes. Como tão bem enfatizou Sérgio Buarque de Holanda:

> Entre nós, o domínio europeu foi, em geral, brando e mole, menos obediente a regras e dispositivos do que à lei da natureza. A vida parece ter sido aqui incomparavelmente mais suave, mais acolhedora das dissonâncias sociais, raciais e morais. Nossos colonizadores eram, antes de tudo, homens que sabiam repetir o que estava feito ou o que lhes ensinara a rotina.[6]

No entanto, é importante também compreender que, se herdamos do português a aversão pela ordem, a falta de senso de hierarquia, a "plasticidade social", tudo o que redunda nessa "adorável bagunça" que encanta os turistas que nos visitam, por outro lado, o jeito que acomoda todas as situações na flexibilidade malandra dos jogos de atitudes jamais descartou o preconceito de classe ou de cor. E, na aparente suavidade dos jogos, autoritarismo e paternalismo se mesclaram sempre nas mornas relações tropicais entre Estado e Sociedade Civil, o mesmo ocorrendo na família, nos partidos políticos, nos grupos e classes sociais, nas instituições de todos os tipos, onde as mútuas opressões, a concorrência, a distância entre desiguais, acontecem como em qualquer parte do mundo. Só que de maneira tão desleixada que observadores pouco meticulosos ou excessivamente teóricos podem supor que aqui é o país do carnaval, do futebol e do folclore, uma imensa festividade do social que exclui qualquer forma de violência. Na verdade, por detrás da aparente brandura brasileira, da amenidade no trato social, esconde-se a violência que pode brotar inesperadamente, em toda parte, a qualquer momento. Entretanto, é normalmente desordenada, individualizada, primitiva, originando-se da frustração, da ganância, do desespero, do rancor e do ódio, e não de uma consciência popular que exija seus direitos, benefícios ou atitudes coerentes por parte do poder.

---

6 Sérgio Buarque de Holanda, *Raízes do Brasil,* 17ª edição, Rio de Janeiro, Editora José Olympio, 1984, p. 22.

"O Brasil não tem povo"

Em 1881, na obra *L'esclavage au Brésil*, o francês Louis Couty colocou suas observações sobre nosso país. Num determinado trecho, diz ele:

> "O Brasil não tem povo", pois "o largo espaço compreendido entre a alta classe dirigente e os escravos não se acha suficientemente preenchido. Seis milhões de habitantes, pelo menos, nascem, vegetam e morrem sem ter quase servido à sua pátria. No campo serão agregados de fazendas, caipiras, matutos, caboclos; nas cidades serão capangas, capoeiras, ou simplesmente vadios e ébrios. Com freqüência capazes de trabalhos penosos, como o desmatamento ou a condução de rebanhos, não terão sequer idéia de poupança, nem de trabalho contínuo". "Mas em nenhuma parte se encontrarão estas massas fortemente organizadas de produtores livres, agrícolas ou industriais, que, em nossos povos civilizados, são a base de toda a riqueza, bem como não se acharão massas de eleitores sabendo pensar e votar, capazes de impor ao governo uma direção definida". "Os mais inteligentes, os mais ativos, dois milhões talvez, serão negociantes ou empregados, domésticos e artesãos".[7]

Este perfil da sociedade brasileira, descrito por Couty, nos remete a outras recordações. Sem nenhuma conotação terceiro-mundista de complexo de inferioridade, vem à lembrança que, enquanto a Revolução Industrial, iniciada em fins do século XVIII na Inglaterra, dali se espalhava para o continente europeu e alguns lugares do mundo, no Brasil não se podia sequer falar em evolução agrária um século depois. Assim, enquanto a partir do Império Britânico se desenvolvem a técnica, a ampliação de mercados, o capitalismo industrial, na ex-colônia portuguesa utiliza-se até fins do século XIX o escravo no lugar da máquina, a força bruta em vez da tecnologia. E sob a mentalidade da Contra-Reforma, anticapitalista e antiprogressista, o legado lusitano de lucro fácil e aversão ao trabalho, ao esforço metódico e produtivo, imprimia no tecido social os com-

---

7 Vamireh Chacon, "Comunicação de massas na sociedade democrática, seção V. p. 343, *in* Hélio Jaguaribe e outros, *Brasil, sociedade democrática,* Rio de Janeiro, José Olympio Editora, 1985.

portamentos e atitudes que fazem de nós em grande parte o que somos agora.

Aos poucos, portanto, vai se captando o peso da origem, a importância de como e por quem as colonizações são feitas. Nesse sentido, compare-se que, enquanto em 1881 Couty descrevia nossa ausência de povo, no mesmo ano nos Estados Unidos era fundada a Federação de Grêmios e Sindicatos Operários. Foi essa entidade que em 1885, junto com a Honorável Ordem dos Cavaleiros do Trabalho — que chegou a ter 700 mil membros no Leste industrializado — marcou a greve geral a se realizar no ano seguinte, no dia 1º de maio, conhecido hoje como Dia do Trabalho. O movimento pedia o cumprimento da lei das oito horas de trabalho que não vinha sendo observada.

Assim, enquanto nos Estados Unidos, em 1886, o capitalismo industrial já era uma realidade, o Brasil rural e agrário era comandado por uma oligarquia que preferia tudo importar; possuíamos escravos e os americanos um operariado urbano; tínhamos um Imperador e eles um presidente.

Naquele mesmo ano, nosso Imperador ao invés de se voltar para as medidas progressistas, propostas pela Opinião Liberal, entre as quais se podem citar a substituição do trabalho escravo pelo servil e o sufrágio direto e generalizado, preferiu inclinar-se para o passado com a formação do Gabinete de 16 de julho de 1886.

Caio Prado Júnior refere-se ao "arcabouço da política retrógrada dos Cotegipes e Itaboraís" e traça o perfil do Imperador:

> Absorvido por minúcias administrativas e manias literárias que em seu mediocre espírito degeneravam num diletantismo vazio, era D. Pedro o instrumento talhado para realizar esta política: apavorava-o tudo quanto fosse mudança, temia tudo quanto significasse marcha para frente.[8]

As características marcadamente lusitanas do Imperador não poderiam, é claro, impedir a marcha para frente de nossa história. A abolição teria de acontecer, fortemente relacionada a fatores exógenos, ou seja, aos interesses comerciais dos ingleses como produtores de açúcar nas colônias das Índias Ocidentais. Internamente, ocorreria aqui, guardadas as devidas proporções, diferenças e espe-

---

8 Caio Prado Júnior, ob. cit., p. 93.

cificidades, o mesmo fenômeno inerente ao declínio da escravidão na Antiguidade que, como já foi dito, deveu-se à ineficiência desse tipo de produção, assim como às limitações do poder do senhor sobre seus escravos.

No caso brasileiro, a proibição do tráfico de escravos pelos ingleses, iniciada através de vários tratados sucessivamente burlados, até as ações mais drásticas do Bill Aberdeen de 1845, teve como conseqüência, para as oligarquias rurais, onerar a mão-de-obra, tanto do ponto de vista de sua aquisição quanto do sustento da escravaria.

A Lei do Ventre Livre que, a partir de 1871, considerava livres todos os filhos de escravos, e a lei dos sexagenários, que concedia alforria aos mais velhos de 65 anos, também foram conseqüência de pressões, sobretudo impostas pela ação exterior. Ao mesmo tempo, contribuíram tais leis para dificultar aos senhores a manutenção de um sistema que ia se tornando cada vez mais improdutivo.

Em que pesem os brilhantes discursos políticos da época, os poemas de Castro Alves, os jornais e pasquins que entretinham os leitores da elite, os quilombos, entre os quais o de Palmares que teve à frente a figura legendária de Zumbi, foram elites — notadamente inglesas — que definiram as linhas mestras de um processo que culminou com a abolição da escravatura. Nem de longe se pode falar em participação como um todo por parte dos escravos. Essa passividade por parte daqueles que, sendo maioria, eram tratados muito mais como animais do que como seres humanos, só pode encontrar explicação na forma de colonização entre nós havida, e nos tipos dos dominadores e dos dominados, cujo amálgama gerará nossa peculiar cultura. Se o português era o que de mais atrasado poderia ter aqui chegado em termos de Europa, a respeito do escravo negro e do índio é bom que se recorde mais uma vez Caio Prado Júnior para se ter uma idéia mais nítida da nossa formação:

> A contribuição do escravo preto ou índio para a formação brasileira é além daquela energia motriz quase nula. Não que deixasse de concorrer e muito para a nossa "cultura", no sentido amplo em que a antropologia emprega a expressão; mas é antes uma contribuição passiva, resultante do simples fato da presença dele e da considerável difusão do seu sangue, que uma intervenção ativa e construtora. O cabedal de cultura que traz consigo da selva americana ou africana, e que não quero subestimar, é abafado, e se não aniquilado, deturpa-se pelo estatuto social, material e moral a que se vê reduzido seu portador. E

aponta por isso apenas, muito timidamente, aqui e acolá. Age mais como fermento corruptor da outra cultura, a do senhor branco que se lhe sobrepõe.[9]

Em 1888, a abolição dará lugar ao que se convencionou chamar de "trabalho livre". A massa de ex-escravos, à qual se juntarão os párias que nas cidades vagavam e no campo se arruinavam, constituirá a origem da nossa atual pobreza extrema, com as naturais decorrências de tais raízes.

Um ano depois, quando o Brasil continuava sem "povo", no sentido usado por Couty, o acúmulo de insatisfações dos senhores rurais não-indenizados pela perda de escravos, dos militares e dos padres que se sentiam menosprezados pelas autoridades, poria fim ao regime monárquico, dando lugar ao republicano. De lá para cá, todas as vezes que essas forças se sentem insatisfeitas, algum governante perde o lugar como aconteceu com o Imperador. São movimentos dos bastidores do poder. A maioria apenas assiste.

O reino da malandragem

Instalado o regime republicano, poucas mudanças ocorreriam a curto ou mesmo a médio prazo para a larga base da população, agora composta de ex-escravos, e que encontraria na região cafeeira dos atuais Estados do Rio de Janeiro, Minas Gerais e São Paulo melhores condições salariais do que na região açucareira do Nordeste. Mas mesmo esse estímulo não impediu que a mão-de-obra formada pelo ex-escravo, agora convertido em assalariado, fosse de baixíssimo nível. Era a emergência, como já se disse, da pobreza extrema, cuja descendência, na sua maioria negra ou mestiça, se espalha hoje por esses brasis, sem qualificação profissional, analfabeta, padecendo de todos os males e degradações da miséria, sobrevivendo sem eira nem beira, alheia às preocupações com o dia seguinte, amontoada nos seus territórios das periferias urbanas, ou sobrevivendo a duras penas por esses confins rurais.

---

9 Caio Prado Júnior, *Formação do Brasil contemporâneo,* São Paulo, Editora Brasiliense, 1957, p. 270.

No escravo recém-convertido em assalariado, manteve-se a mentalidade da senzala, pois da abolição surgiu uma classe social tutelada, acomodada, sem nenhuma intenção de romper os grilhões, agora já não mais formados por elos de ferro, mas por imperceptíveis elos culturais, entre os quais se encontrava a mesma aversão ao trabalho manifestada pelo colonizador português. Sem chicote que obrigasse à labuta, melhor enlanguescer numa preguiça morna, na malandragem gostosa, numa festa sem fim. Na desgraça da pobreza, a miséria emergiu esplendorosamente bem-humorada e festiva. Com a abolição, consolidou-se de uma vez por todas o reino da malandragem.

Vale a pena recordar o que diz Celso Furtado, em *Formação econômica do Brasil,* a respeito da transformação do escravo em assalariado:

> Na antiga região cafeeira, onde para reter a força de trabalho foi necessário oferecer salários relativamente elevados, observou-se de imediato um afrouxamento nas normas de trabalho. Podendo satisfazer seus gastos de subsistência com dois ou três dias de trabalho por semana, ao antigo escravo parecia muito mais atrativo "comprar" o ócio que seguir trabalhando quando já tinha o suficiente "para viver". Dessa forma, uma das conseqüências diretas da Abolição, nas regiões em mais rápido desenvolvimento, foi reduzir-se o grau de utilização da força de trabalho. Esse problema terá repercussões amplas que não compete aqui refletir. Cabe tão-somente lembrar que o reduzido desenvolvimento mental da população submetida à escravidão provocará a segregação parcial desta após a Abolição, retardando sua assimilação e entorpecendo o desenvolvimento econômico do país. Por toda a primeira metade do século XX, a grande massa dos descendentes da antiga população escrava continuará vivendo dentro do limitado sistema de "necessidades", cabendo-lhes um papel puramente passivo nas transformações econômicas do país.[10]

Recapitule-se, aqui, que essa preferência pelo ócio, que pode ser traduzida por malandragem — "o que não trabalha", "que vive de expedientes", ou "indivíduo esperto, vivo, matreiro, astuto" — não foi, como já se sabe, apanágio do ex-escravo, ou mesmo da-

---

10 Celso Furtado, *Formação econômica do Brasil,* 4ª edição, Rio de Janeiro, Editora Fundo de Cultura SA, 1961, p. 162.

queles que Couty assinalou como o "largo espaço compreendido entre a alta classe dirigente e os escravos". O colonizador português sempre teve aversão pelo trabalho manual. O historiador Francisco Iglésias afirma que "há resquícios da atitude numa terra em que todos querem ser doutores, intelectuais, que trabalham com a cabeça, não com as mãos".[11] O ex-escravo, dentro de seu condicionamento social específico, apenas reproduziu essa espécie de repugnância ao esforço, quando em condição de liberdade preferiu o ócio, o que lhe valeu não só o "papel puramente passivo nas transformações econômicas do país" como nos destinos políticos da nação.

Nos primórdios da República, se as opções de lazer eram reduzidas se comparadas com as de hoje, não faltavam, contudo, ao antigo escravo maneiras de preencher o tempo livre com atividades mais gratificantes do que as dedicadas ao trabalho. Nos próprios rituais de origem africana, sincretizados com a religião imposta pelo padre branco e crenças indígenas, a dança, a música, o ritmo, a cor, o canto, o transe, tudo traduzia, como ainda traduz, magia e festividade. O "terreiro" é local de festa e encontro tribal, de evasão do real para a fantasia. Ao mesmo tempo, do ritual brota — como em todas as religiões — o cálido e aconchegante sentimento grupal baseado na igualdade, na participação, na comunicação entre os elementos, na sensação unificada de poder. Ainda há o sentido de retorno às origens, restaurando tradições e dignidades perdidas: dos confins da África, deuses e deusas "voltavam" e "voltam" para se configurar nos seus filhos e filhas através dos ritos sagrados.

Em muitas outras ocasiões se poderia também fruir o ócio, tantas sempre foram as festas, procissões, manifestações folclóricas. Batuques, laços, lanças, adereços, o gosto imprescindível da cachaça, esse bem-bom de se divertir.

Não se trata aqui de reeditar o surrado mito da "cultura da pobreza", porquanto nossa malandragem é estrutural, permeando todas as classes sociais. Há de se convir, porém, que os ex-escravos que, miscigenando-se com brancos e índios, incrementaram consideravelmente nosso movimento demográfico, estavam longe de se assemelhar — e nem poderiam deixar de estar — à classe trabalhadora que emergia da Revolução Industrial nos países onde esse fenômeno

11 Francisco Iglésias, *A Revolução Industrial,* São Paulo, Editora Brasiliense, 1981, p. 11.

ocorreu. Sem participação econômica e política, dos "donos do poder" esperavam apenas proteção paternal. Nada os induzia a se voltarem contra as classes dirigentes, e os bastidores do poder, como se sabe, são invisíveis para a maioria. Assim, os ideais liberais se distanciavam cada vez mais de suas matrizes exportadoras, sendo que a democracia jamais pôde ser praticada dentro de tal contexto social, onde a alienação e o atraso sempre coexistiram gerados pela origem colonial. Aqui quem desembarcou foi Cabral, trazendo nas embarcações lusitanas a Contra-Reforma, a Inquisição, o desleixo, a aversão ao trabalho, o desejo de lucro fácil, o desapego à ordem, as raízes do "jeitinho" e da malandragem. Enquanto isso, no século XVII, levas de ingleses, irlandeses, escoceses — aos quais veio juntar-se um expressivo número de não-britânicos — fundaram entre 1607 e 1733 as 13 colônias inglesas que hoje constituem os Estados Unidos da América. Esses anglicanos, puritanos, presbiterianos, quacres, etc. trouxeram consigo ideais de conquista e o espírito capitalista da Revolução Industrial. Para eles, a audácia e o arrojo. Para nós, o jeitinho.

A atual pobreza extrema, descendente dos escravos, e que compõe a larga base de nossa pirâmide social, continua, pois, a refletir suas raízes e condicionamentos, sobrevivendo a partir de mecanismos que reproduzem o sistema, o que não exclui a opressão do oprimido pelo oprimido. Vivendo de esperança, de teimosia, de violência, de misticismo, de humor, a resposta do indivíduo pobre com relação à política jamais poderia ser uma reação revolucionária, e sim um "jeito" malandro que se compraz na festa, na fantasia, na mentira bem pregada, na busca do carisma do pai protetor. Para melhor compreender a essência dessas atitudes, nada melhor que tomar como indicador o voto, não através das costumeiras análises estatísticas, mas na sua subjetividade capaz de desvendar comportamentos humanos ligados ao poder.

capítulo III

Quanto Vale um Voto

Só se conduz o povo mostrando-lhe um porvir: um chefe é um mercador de esperanças.

NAPOLEÃO BONAPARTE

Pais da pátria e pais dos pobres

Em que pesem as características já mencionadas em capítulo anterior sobre nossa modernização política, quando se aponta a participação de grupos de interesse e grupos de pressão através de variadas formas de organização, além da tradicional e deficiente via partidária, a grande massa da população, especialmente aquela parcela maior composta pela pobreza extrema, permanece, como se sabe, carente de recursos políticos, os quais estão intimamente interligados à escassez de recursos econômicos. Para o indivíduo subnutrido, mal alimentado, mal vestido, analfabeto ou semi-analfabeto, a escassez de recursos políticos se traduz em alguns aspectos, entre os quais se evidenciam a quase impossibilidade de ascensão a cargos políticos por motivos financeiros e educacionais; dificuldade de acesso ao poder através de mecanismos intermediários como audiências, "apadrinhamentos", proximidade de autoridades, etc.; "incapacidade" para influenciar as políticas governamentais em prol das necessidades da pobreza num sentido coletivo.

Tal situação, se não gera atitudes revolucionárias, como querem alguns, tampouco induz à passividade total, como outros pensam. O que há é um misto de descrença e expectativa em relação ao poder político, com reações de aceitação muito prontas diante de qualquer dose de carisma que reacenda, a partir de alguém que consiga captar valores, aspirações e fantasias da pobreza, a chama da esperança que nutre o entusiasmo da massa e conquista seus votos. Normalmente se espera que as coisas melhorem sem que se precise lutar por isto.

As dádivas devem cair do céu ou dos poderes constituídos, esferas sagradas e distantes que funcionam positivamente a partir do fervor do suplicante, e não de sua participação efetiva através de uma conduta religiosa ou de um processo político. Anseia-se por um "salvador", por um líder, por um pai, como, de resto, todos os povos sempre o fizeram, só que com as peculiaridades inerentes à nossa mentalidade, à nossa gente, à nossa pobreza extrema.

Alguns dos nossos presidentes conseguiram ser a encarnação do Estado, pais da pátria, pais do povo, pais dos pobres. Em níveis diferentes, mas com impactos consideráveis de carisma sobre a massa, notabilizaram-se: Getúlio Vargas, Juscelino Kubitschek, Jânio Quadros, Tancredo Neves.

Getúlio, por demais conhecido, quantas vezes analisado por estudiosos, o mais pai dos pobres, mito sempre relembrado, memória do povo. Juscelino, sem tantos detalhes na lembrança popular, mas nome para sempre gravado na história do arrojo, do desenvolvimento brasileiro, nas serestas de Diamantina, no coração dos mineiros: Nonô pé de valsa. Mais recentemente, Tancredo, o doutor Tancredo, unificando o país num luto verde-amarelo. O povo se sentiu órfão, e os mais pobres se sentiram mais desamparados diante de sua morte. Diziam: "Esse havia de olhar por nós". Diferente dos três em quilate de carisma, sobressai Jânio Quadros, campeão de eleições, "feiticeiro" de massas.

Através da teoria de Carl Gustav Jung sobre os dois tipos de ditadores, o "cacique" e o "feiticeiro", Gilberto de Mello Kujawski traçou o perfil de Jânio:

> Não há dúvida de que Jânio Quadros pretende personificar o tipo do feiticeiro em nossa política, favorecido por sua natural aparência de energúmeno. Olhem sua oratória odienta, sua arrogância despótica, a impressão subliminar que difunde ter solução (mágica) para todos os problemas. Vejam o seu ar de iluminado (arregala os olhos), aquela voz escura em sintonia telepática com o inconsciente da massa. E a crispação gestual, a sanha vingadora (aperta os olhos), a sedução messiânica, o olhar que é um mau-olhado subjugando o espectador pela força malsã da hipnose grupal. Como o diabo ele troca o sinal das coisas e consegue transformar em apelo de originalidade (olhos esbugalhados) o ridículo em força de convicção, esganiçando a voz como um possesso do espírito subterrâneo. Sim, esse homem estranho faz o

papel de médium do psiquismo urbano brasileiro, e pretende receber sua voz das profundezas cavernosas do inconsciente nacional.[1]

Quatro pais da pátria, fontes maiores do poder capazes de anestesiar a massa, de transformar a aceitação em obediência, de justificar qualquer ato, legitimando-o e legitimando-se perante o povo, suscitadores de "devoção" que pode conduzir ao paternalismo e à alienação, mas, sobretudo, grandes atores do espetáculo da política na personagem estrelíssima do "mercador de esperanças".

Se as grandes personalidades são raras e muitos apenas imitadores de carisma, figurantes do *show* político, aprendizes de feiticeiro, a tônica paternalista e a intenção alienante de iludir nunca faltaram a "prestidigitadores" de palanques, tribunas e gabinetes, que, dependendo de sua dose de talento, muitas vezes obtêm a aceitação necessária para se alçar através do voto aos cargos almejados. Eles são os que conseguem identificação com a massa, com o homem simples, com o cidadão humilde, sendo que promessas e críticas a concorrentes ou aos poderes constituídos podem funcionar como preciosas "armas" de conquista. Sabem que, das senzalas às favelas, tudo falta, tudo faz falta, o que vem é lucro e trabalham em cima das necessidades imediatas e concretas. Posar de grande homem, de defensor dos necessitados e, ao mesmo tempo, simular uma igualdade na verdade inexistente pode ser outro jogo comum em épocas eleitorais. Se a meta é alcançada, a inevitável distância do poder se estabelece, e classe dirigente e massa se posicionam em seus respectivos e diferentes mundos.

No interior, nas pequenas cidades onde todos se conhecem, mesmo passadas as eleições, os pobres têm mais chance de uma "proximidade" direta com a "autoridade", seja ela o prefeito ou o vereador. Também é mais fácil o acesso a benefícios, através de influentes "intermediários" entre o povo e o poder, como o padre com seu séquito de senhoras devotas. Sem possibilidade de resolver as questões mais graves, porquanto estruturais, essas "autoridades" distribuem a 'caridade" entre os necessitados. Eles agradecem e pedem mais de maneira insaciável.

---

1 Gilberto de Mello Kojawski, "Caciques e feiticeiros", *O Estado de São Paulo,* 18/10/85, p. 7.

Nas cidades de porte médio e nos grandes centros, poder e povo vão se distanciando na proporção em que o complexo urbano aumenta. Se existe a continuação da "caridade" paroquial ou da "caridade" oficial, se realizações de maior vulto têm mais condições de serem efetuadas em benefício de pessoas carentes, a pobreza só costuma avistar as autoridades políticas em ocasiões muito importantes. São festejos, comemorações, visitas de estrangeiros ilustres às favelas, inaugurações. Momentos em que o povo é convidado para admirar e aplaudir. Instante de glória para as elites do poder no comando do espetáculo. A época mais privilegiada, porém, da proximidade entre a pobreza extrema e "mercadores de esperança" dos mais variados tipos, se dá nas campanhas eleitorais, quando persuasivos candidatos incluem nos seus roteiros o submundo da periferia, e a peso de ouro de promessas e de favores tentam a difícil caça aos votos.

Um voto vale uma dentadura?

Nem sempre dinheiro ou favores, exclusivamente, conquistam o voto. Incluindo os mais pobres, o candidato para se impor precisa de algo mais, e a "compra" do voto é um processo muito mais complexo do que se pode imaginar. Para o indivíduo pobre, a busca de identificação com o candidato é vital. Vem através de um discurso que aborde problemas cotidianos, de uma retórica exaltada em moralismo ou eivada de uma ideologia cabocla de justiça social. É preciso ressaltar a diferença entre ricos e pobres e clamar por vingança contra os que no momento detêm o poder, os quais, geralmente, não conseguem nem pretendem de fato satisfazer as aspirações populares. Colocar-se ao lado dos "oprimidos" é uma tática usada pelas direitas e esquerdas de todas as nuances, levando vantagem os que melhor souberem fazer o papel de "médium do psiquismo" coletivo. Ideal para o candidato, adicionar à interpretação do personagem do homem simples ingredientes de sonho ou fantasia. Daí a chance que às vezes se abre na carreira política para cantores, artistas, apresentadores de programas de televisão, radialistas, enfim, ídolos populares. Eles representam um mundo distante, fabuloso e mágico que alimenta as emoções e os sonhos tão necessários à vida humana.

Segundo Almond e Powell, nas "atitudes políticas" existem "componentes afetivos", que "para além do julgamento racional, manejam os sentimentos de atração ou de repulsão, de simpatia ou de antipatia, de admiração ou de menosprezo, etc. É sobre tais forças que se alicerçam a personalização do poder e os laços que ligam a notabilidade local à sua clientela".[2] Acrescente-se a essa interpretação que, à medida que falta a um indivíduo o conhecimento de explicações racionais e científicas, ele tende a fazer sua leitura do mundo através dos sentimentos e emoções que funcionam como guias de percepção dos caminhos da vida. A grande massa pobre é capaz de fermentar emoções de uma maneira mais intensa do que os elementos de outras classes sociais, que, tendo recebido certos lustros de educação formal, reagem de maneira um pouco mais comedida diante dos fatos e acontecimentos. O pobre costuma ser pelo menos mais ruidoso em suas manifestações corriqueiras: fala alto, xinga, chora e ri com facilidade, se exalta facilmente. A clientela política composta pela pobreza extrema constitui assim terreno fértil para pregações que apelam para os sentimentos e atingem as emoções. Compartilhando com as demais camadas da sociedade o gosto pela política no seu aspecto lúdico e de sonho, os pobres adequam seu universo específico de valores e aspirações à imagem ideal do político. Apostam em candidatos como num jogo, procuram obter nas campanhas eleitorais o máximo de vantagens possíveis, escolhem aqueles que "o coração" mandar.

A obtenção de favores, comum nas épocas eleitorais, vestígio nos centros urbanos do "coronelismo" do Brasil rural e interiorano, funciona atualmente de forma mais malandra. Nem sempre se responde com o voto aos candidatos que, empregando dinheiro, favores, presentes, ou atendendo pedidos de toda ordem, pensam receber em troca gratidão e lealdade dos que na sua miséria deveriam ficar agradecidos pelas dádivas recebidas. Cientes da incerteza, muitos candidatos agem com certa cautela, mesmo nas regiões mais pobres e atrasadas do país. Uma matéria do *Jornal do Brasil* ilustrou de forma pitoresca esse comportamento:

> No Ceará, na região do Cariri — reduto político da família do vice-governador Adauto Bezerra —, é comum, nos períodos pré-eleitorais,

---

[2] Roger-Gérard Schwartzenberg, *Sociologia política*, São Paulo — Rio de Janeiro, Difel, 1979, p. 156.

> os candidatos oferecerem, além de facilidades para obtenção dos títulos eleitorais, presentes em troca da promessa de voto. Óculos, chinelos, dinheiro e até dentaduras entram no negócio. No caso das dentaduras, o eleitor na fila vai provando, uma a uma, até encontrar a que lhe encaixe na boca. As outras voltam para uma lata d'água, à espera do próximo cidadão. Com dinheiro, a nota é rasgada ao meio. Metade fica com o eleitor; a outra metade, ele recebe depois da eleição, se o candidato tiver os votos que espera naquela urna. Com os chinelos, acontece o mesmo: um pé na hora de tirar o título, o outro depois de dar o voto. A campanha começa na hora do alistamento do eleitor.[3]

Essa descrição lembra negócio. Puxando-se pela memória, percebem-se as raízes lusitanas. Como bem disse Caio Prado Júnior, referindo-se à política portuguesa do início de nossa colonização, "ela era antes de tudo um negócio do Rei". Desde o começo, pois, o "negócio", mais tarde uma politicagem onde o voto é negociado e a fraude a tônica constante. Negócios escusos e malandros como costumavam e ainda costumam ser as práticas usuais não só das eleições, mas no trato com a coisa pública por parte dos detentores do poder. Só que política como "negócio do Rei" foi e é, numa escala diferente, praticada também pelos "súditos", aos quais interessa, essencialmente, levar vantagens com relação ao Estado patrimonialista.

Se as maneiras de auferir vantagens variam conforme a classe social, seria ingenuidade supor que os mais pobres sejam seres angelicais, ou coitados ignorantes imunes ao sistema. Na verdade, não só reproduzem mecanismos comportamentais assemelhados aos de outras classes sociais, adaptando-se às suas necessidades de sobrevivência, como legitimam o poder sobre eles exercido, aceitando-o como natural. Como a maioria das pessoas, querem que as coisas mudem ou melhorem, desde que o esforço seja feito por outros. O político em campanha pode ser este "outro", que consegue a construção do barraco, arranja tratamento médico, olho de vidro, óculos, dentadura, dinheiro, etc. Pode ser também o que não apenas melhora o presente, mas o que promete o futuro, mercadejando esperanças e não se restringindo tão-somente às necessidades imediatas,

---

3 *Jornal do Brasil*, 1.º caderno, 30/3/86, p. 4.

ligadas praticamente a níveis mínimos de subsistência. Em todo caso, o voto normalmente se transforma na moeda com a qual se "compra" o benefício pretendido. Se os mais abastados querem empregos, cargos importantes, facilidades de vida que implicam investir no futuro, os mais pobres, no imediatismo provocado pelas premências e urgências de seu sobreviver, "intimam" os candidatos com pedidos de toda ordem, dos mais simples aos mais estrambóticos. Restará para o candidato a dúvida quanto à obtenção da "lealdade" de seu eleitor. Mesmo assim, o postulante ao cargo eleitoral sabe que o ideal é ter ouro em pó.

Nas eleições de 1986, para governador, senador, deputado federal e deputado estadual, nunca o dinheiro correu tão solto. Fortunas incalculáveis foram gastas por candidatos de todos os partidos. Partidos menores e candidatos menos abastados usaram de toda a sua criatividade e imaginação para obter preciosos votos. Mesmo aqueles que "defendiam" ideologias de esquerda, e diziam acreditar nos ensinamentos de Karl Marx, preferiram não apostar na "consciência" do "proletariado", e investiram o que puderam de uma maneira bem capitalista. Isto pode ser exemplificado na nota que se segue, publicada no *Jornal do Brasil*:

> Curitiba — A direção regional do Partido Comunista Brasileiro (PCB) vai sortear um automóvel Escort zero quilômetro e duas passagens de ida e volta para Cuba entre os que derem a "colaboração democrática e patriótica", ou seja, dinheiro, para financiar a campanha de seus candidatos às eleições de novembro.
>
> Segundo os dirigentes do PCB do Paraná, o nome "colaboração" foi adotado porque a legislação eleitoral não permite o uso de rifas, mas os prêmios serão sorteados pela Loteria Federal do dia 8 de novembro. Serão vendidos 5 mil talões, ao preço de Cz$ 100,00 cada. Além do número e da relação de prêmios, o talão contém os seguintes dizeres: "Ajudem a eleger deputados e constituintes que lutem pela paz, democracia e socialismo".[4]

O PCB paranaense não elegeu nenhum defensor da paz, da democracia e do socialismo — a palavra comunismo foi cuidadosamente evitada durante toda a campanha pelo "Partidão" — apesar das "colaborações", apresentações teatrais e até de um circo que

[4] *Jornal do Brasil*, 24/6/86, p. 2.

percorreu várias cidades do Paraná para mostrar à gente da periferia a espoliação capitalista através de palhaçadas. Faltou aquele algo mais e o proletariado não aderiu. Não havia entre os candidatos do PCB nenhum "feiticeiro". Tampouco conseguiram eles passar qualquer idéia mais cativante ligada ao socialismo. Em geral, as esquerdas brasileiras dos variados partidos existentes costumam criticar o capitalismo tipificado nos Estados Unidos, "causa de todos os nossos males", e brigar entre si. O PCB não foge à regra. Dessa forma, a sonora briga de palavras entre as facções, o teoricismo, o desconhecimento da realidade, a distância comumente existente entre os militantes e a classe que eles dizem defender, tudo impede pregações que tragam para a massa os candentes ideais de Marx, entre eles a utopia da sociedade sem classes. Isso soaria a igualdade e poderia motivar aspirações e adesões, porém a igualdade impossível só acaba acontecendo de maneira bastante peculiar, limitada e circunstancial durante as campanhas eleitorais, atingindo seu clímax na hora da votação.

A democracia marota dos trópicos

O voto não constitui, necessariamente, um precioso instrumento democrático, um abre-te-sésamo de mudanças estruturais, sendo mais um dever — bem poderia não ser obrigatório — do que um direito do cidadão brasileiro. Principalmente para a pobreza extrema, o ato de votar jamais significou qualquer acréscimo importante que alterasse a escassez de seus recursos políticos e econômicos. A percepção que o voto quase ou nada pode mudar a situação, bem nítida entre os indivíduos pobres, não altera, contudo, o seu interesse em votar. Os aspectos de jogo e de festa que envolvem as eleições, as possibilidades de aproximação do poder através do contato direto com os candidatos, as chances de barganhar o voto em troca de favores importantes dentro de um determinado espectro de necessidades, tudo transforma a votação num prazer que é acrescido de uma sensação ainda mais forte: participar em igualdade com os demais indivíduos de outras classes sociais de um mesmo ritual unificador.

O votar comporta, portanto, um agradável sentimento de igualdade, de unanimidade, o mesmo que existe nos movimentos de massa. Afinal, não importa se o voto é de um homem rico ou de um homem pobre, de um branco ou de um negro, de um católico ou de um umbandista, etc. Como disse *sêo* Eliseu, um dos entrevistados deste trabalho, "voto é como espírito, não tem macho nem fêmea". E Henrique, morador de um conjunto habitacional, confirmou a idéia: "O pobre só é igual ao rico na hora do voto."

A respeito do tema da igualdade e de sua importância para os homens, recorde-se aqui Tocqueville, em *A democracia na América*:

> A liberdade política dá, de quando em quando, a certo número de cidadãos, sublimes prazeres. A igualdade oferece diariamente uma multidão de pequenos gozos a cada homem. Os encantos da igualdade sentem-se a todo instante, acham-se ao alcance de todos; os mais nobres corações não lhe são insensíveis e as mais vulgares almas nela encontram suas delícias.
>
> Através da igualdade, os homens experimentam "uma paixão ardente, insaciável, eterna, invencível; querem a igualdade na liberdade e, se não puderem obtê-la, ainda a querem na escravidão. Eles suportarão a pobreza, a sujeição, a barbárie, mas não a aristocracia".

Numa sociedade como a nossa, extremamente desigual, não é de se admirar que os mais pobres se empolguem tanto nas épocas eleitorais, valorizando o ato de votar mais do que as camadas sociais elevadas. Pelo voto, os pobres se igualam momentaneamente a todos e se integram à massa festiva no ritual das urnas. Além do mais, a sensação de igualdade, para o homem pobre, conduz ao sentimento de sua valorização como ser humano. Durante campanhas eleitorais, favelas, bairros pobres, territórios da miséria jamais visitados em outras ocasiões, adquirem novo ritmo de vida e novo visual. Surgem, de todos os lados, candidatos e cabos eleitorais. Espalham-se sons por vezes confusos, estridentes, chiados dos carros de propaganda e dos alto-falantes. Cores marcantes tentam encobrir feios espaços feitos como que de sujeira, reluzindo chispantes em cartazes, adesivos, bonezinhos, chaveiros, sacolas, toda a parafernália, enfim, que aumenta em número e criatividade a cada eleição. Seguidos da pequena multidão de cachorros sarnentos e crianças mal vestidas, de nariz escorrendo, políticos vão distribuindo abraços, tapinhas nas costas, cumprimentos de mão durante sua "caminhada cívica". De vez em quando, uma parada no barraco de alguém influente no lugar. Bate-papo com a família e vizinhos acotovelados nas portas e janelas. Promessas. Pedidos de apoio. O líder comunitário e a mulher procuram agradar o "ilustre visitante" com a comida ou bebida que conseguirem oferecer, e com rostos desvanecidos, prometem — e a todos os candidatos que porventura honrarem seu barraco com tal passagem insigne — muitos e muitos votos, desde que, naturalmente, se digne ele a atender uma série de pedidos, que podem incluir somas em dinheiro.

Malandragens à parte, que o jogo político disso é feito, não deixa de ser estonteante e um tanto mágica a presença do poder face a face. Mesmo sabendo que tudo é passageiro e ilusório, o esporádico agrado, o tratamento cortês e desinibido, lisonjeia e enaltece o ego daqueles que normalmente enfrentam o asco, o desprezo e, muitas vezes, a agressividade de outras camadas da sociedade. A pobreza extrema sente a gratificação do momento das eleições, quando é procurada, requisitada, disputada por tantas "excelências", tantos figurões, tanta gente importante que de repente fica parecendo mais gente e toma cafezinho no barraco. É um tipo de democracia marota que se sabe ilusória, porém a única que pode ser usufruída pelos que, não tendo acesso aos recursos econômicos, não têm também vez na política. E interessante é o fato de que justamente os eleitores pobres vêm sendo cada vez mais requisitados nas campanhas eleitorais, à medida que vai aumentando seu peso numérico, e que o perfil do eleitorado brasileiro vai se alterando.

O recadastramento eleitoral efetuado entre 15/4/86 e 15/6/86, objetivando através do uso de processamento de dados tentar evitar a fraude sempre presente nas nossas eleições, quando votam mortos e ausentes, e vivos votam várias vezes, apontou mudanças significativas do eleitorado, como a inclusão dos analfabetos e dos eleitores que, conservando seu domicílio eleitoral nos estados de origem, tiveram seus títulos transferidos automaticamente para as cidades onde vivem atualmente. Também a partir das regras do Tribunal Superior Eleitoral, os eleitores passaram a votar nos bairros onde moram. Dessa forma, os eleitores da periferia, cuja população aumentou consideravelmente, dada a construção de conjuntos habitacionais, e que antes estavam dispersos eleitoralmente, estão agora concentrados, o que lhes carreou visitas e atenções ainda mais redobradas por parte dos candidatos esperançosos de obterem uma votação significativa através de reforçado "prestigiamento" às camadas mais baixas da população:

Sobre o assunto, assim se referiu a revista *Isto é*:

> O distante bairro de Guaianases, na zona leste de São Paulo, se transformou, desde a semana passada, em parada obrigatória para aqueles

que buscarão votos em novembro. Segundo o TRE paulista, os eleitores de Guaianases aumentaram em mais de 70% do ano passado para cá. Eram 61.669 em dezembro de 1985 e até quinta-feira passada já somavam 106.298. Fenômeno semelhante foi registrado em outros bairros da periferia, como Itaquera e Cidade Ademar, onde o número de eleitores mais que dobrou em relação a 1985.

A explicação é simples: nos últimos seis anos, multiplicaram-se nestes bairros os conjuntos habitacionais destinados à população de baixa renda. Atraídos pela possibilidade de morar em casa própria, mais de 500 mil pessoas rumaram para a periferia — mas não tiveram a preocupação de mudar, também, de zona eleitoral. Segundo dados da COHAB-SP, a grande maioria de habitantes desses conjuntos é constituída por trabalhadores que ganham, em média, 2,5 salários mínimos, mensais, possuem uma família de cinco membros e, quase sempre, nasceram no Norte e Nordeste do país. Agora, por força do recadastramento, que os agrupou numa mesma zona eleitoral, esses eleitores, antes dispersos, ganharam outro peso, que pode mesmo ser decisivo nas eleições.[5]

Se o recadastramento eleitoral trouxe à luz efeitos sentidos com relação também à massa da pobreza extrema, aglomerada nas favelas, que passou a receber atenções ainda mais especiais e agrados por parte dos candidatos, por outro lado, nem recursos de computador poderiam eliminar a fraude na hora da contagem dos votos, ou antigas práticas de seduzir o eleitor.

No interior do Brasil, de modo geral, e no Nordeste, em particular, onde o atraso é mais acentuado, práticas "coronelísticas" ainda são uma constante.

Mas se a essência do "coronelismo" ainda funciona, no sentido de influenciar o eleitorado mais pobre, apesar dos recursos do computador, uma nova realidade deve ser levada em consideração. Dentaduras, remédios, refeições, transporte gratuito, etc., à parte, meios de comunicação de um lado, e, de outro, a presença de forças políticas que não apenas os partidos, tais como sindicatos, associações de vários tipos, a Igreja dita progressista, etc., vêm alterando o comportamento que se convencionou chamar de "curral eleitoral".

---

5 *Isto é*, 28/5/86, n.º 492, p. 25.

Na sua luta pela manutenção do poder, figuras típicas de "coronel" já começaram a perceber que algo vai mudando.

> No dia Nacional do Recadastramento, em Limoeiro, interior de Pernambuco, Francisco de Morais Heráclito, com 72 anos de idade, filho do famoso "coronel" Chico Heráclito, apesar de ter trabalhado com afinco no recadastramento, reconhecia que o poder de sua família vinha caindo com a modernização e o nascimento da influência de Recife sobre as cidades do interior mais próximas da capital. Enquanto comandava cabos eleitorais e carros para transportar os eleitores até os postos de recadastramento, estranhava a atitude de um antigo aliado da família, o trabalhador Semeão dos Santos Pereira, no momento dirigente do Sindicato dos Trabalhadores Rurais. De microfone em punho, Semeão argumentava, diante de canavieiros na sala ao lado de um posto de recadastramento aberto no sindicato, que "trabalhador que vota em patrão não vai para frente". Lembrava também que:
>
> — Todo mundo obedecia ao "coronel", mas hoje é outra coisa. Em 1982 o povo já votou em outros candidatos. Este ano, vamos votar nos que vão nos defender na Constituinte.
>
> O falante Semeão aprendera isto numa reunião da CGT em São Paulo, a qual comparecera como delegado da Federação dos Trabalhadores da Agricultura — FETAPE.[6]

Quem conhece de perto a realidade brasileira sabe que as palavras de Semeão não refletem a atitude dos trabalhadores rurais em geral. Como a grande maioria do povo brasileiro, eles não têm sequer a idéia do que seja a Constituinte tão relevada pelo líder sindical. Mudanças são, porém, inegáveis, só que, no atual estágio de evolução política que nos encontramos, significam muito mais que mudarem as tutelas. O personagem do "coronel" se modificou, mas a busca do defensor e do protetor continua. O ator político que souber encarnar esse papel leva a melhor, especialmente com os que têm pouco ou nenhum acesso aos recursos políticos. Prevalecem, pois, na nossa cultura política, o paternalismo, o comodismo, a arte de ganhar sem fazer esforço, tão cara aos brasileiros em geral e aos pobres em particular. Simples e puramente uma questão de mentalidade, plasmada ao longo da história, advinda da origem.

---

6 *Jornal do Brasil,* 19/5/86, 1.º caderno, p. 4.

Quanto ao voto, se o sentimento de sua inutilidade, percebida desde o Império, permaneceu no aspecto de que se sabe que através do mesmo não se altera a realidade econômica e social do país, o processo eleitoral, ao invés de ser perigoso como no passado, se torna cada vez mais festivo e atraente. O dinheiro corre à solta. Os favores se multiplicam. Há uma democracia marota no faz-de-conta de uma igualdade que não existe. Os palanques eletrônicos, rádio e televisão, têm mais força do que as armas dos capangas de antigamente, contratados para coagir eleitores. E, na troca de favores entre os candidatos e o eleitorado, legitima-se a malandragem do jogo político, ambos os lados se adequando ao sistema onde a política sempre foi "um negócio do rei". Acima de tudo, porém, existe a busca de um "rei", de um pai protetor, de um líder.

O prazer da identidade

As eleições de 86, como já se disse, foram as mais caras já havidas até então no Brasil. Os candidatos acusavam-se reciprocamente de abuso do poder econômico. Em 9/7/86, o ministro da Justiça, Paulo Brossard, prometia punição dentro da lei para quem abusasse de tal poder, ressalvando, porém, que não poderia recomendar aos Tribunais Eleitorais atuação vigorosa na investigação e punição dos responsáveis, visto que "a independência dos poderes não me permite fazer isso".[7] Entretanto, os 22 mil candidatos de 86 gastaram aproximadamente cem bilhões de cruzados (5% da dívida externa), segundo estimativas. Foi uma época de ouro, especialmente para cabos eleitorais, "empresários" de *marketing* político e eleitores pobres.

Em São Paulo, Antônio Ermírio de Moraes, empresário e dono de incalculável fortuna, candidato do PTB ao governo, acusava seu concorrente Paulo Maluf, do PDS, igualmente empresário e rico, de "comprar votos". Maluf se defendia dizendo ser um "candidato pobre" e chamando Antônio Ermírio de "maior patrão do País". Enquanto isso, Ronald Kuntz, dirigente da empresa Brasmarket, cujo objetivo é a promoção de candidatos endinheirados, afirmava que, apesar do *marketing* político não ser uma garantia de vitória nas eleições, era

---

7 *O Estado de São Paulo,* 10/7/86, p. 7.

um apoio importante. Para esclarecer melhor seu pensamento, exemplificou: "O governo Montoro é um dos mais impopulares do País e não soube se comunicar bem nas eleições para prefeito que Jânio levou. Do jeito que está indo, é possível Quércia perder também". Kuntz se referia ao outro candidato à sucessão paulista, Orestes Quércia, do PMDB. E acrescentou com relação a Paulo Maluf: "Ele conseguiu reverter um quadro de ódio popular para preferido nas pesquisas."[8]

De fato, Maluf liderou as pesquisas de opinião durante um bom tempo da campanha. Ganhou Quércia, com a máquina governamental atrás de si, muito dinheiro, mas, sobretudo, por seu desempenho como ator político. Dominou sobre a massa a figura do jeca bem-sucedido, do homem do interior falando com jeito de caipira, do cidadão simples que dedilhava na viola músicas de gosto duvidoso para as classes mais elevadas.

Em Minas Gerais, o fenômeno populista se repetiu. O ex-prefeito de Contagem, Newton Cardoso, derrotou, como candidato do PMDB, Itamar Franco do PL, apoiado por três ministros do governo Sarney e contando com as simpatias do Planalto, por uma diferença de 300.000 votos. Falando errado, imagem de político da província, alvo de anedotas por parte dos grandes jornais do país, afirmou numa entrevista à revista *Veja,* um mês antes de sua posse: "Não me dirijo à classe média porque não poderia, com toda a honestidade, fazer muita coisa para melhorar seu padrão de vida. É uma questão estrutural do país que não depende de mim, Em compensação, pelos pobres, um governo pode fazer muito. Para começar eles gastam pouco.

É simples. Atender o pobre é barato, muito barato. É engraçado como a maioria dos políticos ainda não percebeu isso. Não custa muito dinheiro."[9]

Aqui, é bom lembrar a importância econômica e política de São Paulo para o país. É em 1986 o maior colégio eleitoral do Brasil, com 15.982.481 eleitores. Minas Gerais vem em segundo lugar com 7.971.654. Em ambos os estados, prevaleceu a escolha, sem dúvida, dos pobres referidos por Cardoso, do homem simples

---

8 *O Estado de São Paulo,* 10/7/86, p. 7.

9 *Veja,* 18/2/87, n.º 963, p. 6.

do interior que fala errado e dedilha a viola dentro do gênero musical de Quércia. Mas por quê?

Na sua obra *O Estado espetáculo*, Roger-Gérard Schwartzenberg analisa o que denomina de personagens da política. Entre eles estão: o herói, o homem comum, o líder charmoso, o pai da pátria e a *star* política feminina. Merece referência o que o sociólogo francês diz a respeito do "homem comum". Dá para fazer com que se entenda em parte o processo de identificação da massa com seu líder:

> O homem comum é, antes de tudo, o "prazer da identidade", para falar como Roland Barthes. Existe, para todos, a possibilidade de uma plena identificação com esse homem do povo saído das fileiras, com esse dirigente que veio da base, com esse *self-made-man* que suscita a adesão por identidade.
>
> O homem comum representa também o prazer do conformismo. Ourives trabalhando com idéias recebidas e com lugares-comuns, ele aumenta o sentimento de segurança do público. Virtuose do convencional, curador das convicções de massa, ele consolida o grupo ao preservar as explicações costumeiras e populares. Seu estratagema é a quietude através da rotina.
>
> O homem comum é, finalmente, o prazer na igualdade. Ainda que puramente aparente. Ele corresponde a reflexos populistas ou talvez mesmo "poujadistas". Personifica a desforra dos "pequenos, dos obscuros, dos não-graduados". Numa fúria de ostracismo. Ai dos vencedores! Ai dos heróis vitoriosos! Viva o *underdog*, o cão escorraçado, o papel secundário. Honra ao eterno coadjuvante![10]

Quando o indivíduo pobre vota, não o faz, pois, exclusivamente por dinheiro, ou demais favores; prevalece, antes de mais nada, a busca de identificação, de igualdade, de desforra. Some-se a isso a imagem do "igual" que é capaz de proteger e a democracia tropical estará completa. Adicionem-se ingredientes de sonho, de gestual violento, de "feitiçaria" que é mágica e vingança ao mesmo tempo, e o personagem político será perfeito, imbatível, prescindindo de qualquer traço de ideologia ou de coerência. Esse mago de massas é raro. Poucos conseguem reunir tantas "qualidades". Mas basta

---

10 Roger-Gérard Schwartzenberg, *O Estado espetáculo*, Rio de Janeiro — São Paulo, Difel, 1978, p. 44.

algumas para se personificar o grande demagogo, o líder de massa, capaz de empolgar multidões.

Quando o voto é dado a esse tipo de candidato, não se pode falar que se trata de um voto inconsciente. É bem consciente. Está de acordo com os desejos e aspirações de quem deu. Não é pois um voto inútil nesse sentido, apesar do sentimento generalizado da inutilidade do voto como veículo de mudança. Expressa vontade e "consciência". Assim, quando o povo de São Paulo elegeu em 1985 Jânio Quadros para prefeito, seu concorrente, o sociólogo Fernando Henrique Cardoso, enganou-se ao dizer na televisão, no momento da apuração dos votos, quando já se sabia com a certeza dos números que Jânio vencera que: "O povo de São Paulo merecia coisa melhor." O povo de São Paulo, na realidade, teve o que escolheu e o que pediu. Dentro, é claro, de nosso peculiar contexto social econômico e cultural. Isso significa que não existe uma "consciência proletária" ideal, como gostariam as esquerdas mais chegadas aos rudimentos do marxismo-leninismo. Tampouco temos um "povo guerreiro", como dizia a música da última Copa do Mundo, em que perdemos para os franceses e a Argentina se sagrou campeã. Os militantes de partidos mais radicais costumam se desesperar, como um rapaz do PT que afirmou em plena sala de aula: "Nosso povo é debilóide." E vários intelectuais das mais variadas nuances esquerdistas partem para o oposto, enaltecendo a participação popular na política, vendo atos revolucionários onde não existem, não admitindo jamais a comparação com outros povos, abespinhando-se diante do julgamento de analistas estrangeiros, cuja visão passa automaticamente a ser tachada de etnocentrista. Aos analistas brasileiros que não comunguem com os mesmos "ideais", os epítetos podem ser os de: "fascista", "direitista", "conservador", "americanófilo", etc. Não há lugar para realistas entre o desespero e a miragem. Entretanto, nós somos o que somos. Excluída desde o início da participação política, a massa pobre reage hoje de acordo com nossa realidade de forma malandra e entusiasmada. Festa, jogo e "negócio" se conjugam durante as campanhas eleitorais. Se há um ceticismo generalizado por parte do povo com relação aos políticos — sentimento que vem aumentando a cada eleição — o destaque fica por conta dos "feiticeiros", dos carismáticos, dos que, de uma forma ou de outra, conseguem liderar a massa. Eles são os personagens tutelares. E não há nada de extraordinário nisso. No Brasil, sempre foi uma constante a tutela sobre a pobreza, a partir da atitude do próprio Estado paternalista, conjugada com a poderosa influência da Igreja Católica, tudo, é claro, dentro da mentalidade gerada desde o início, a partir da colonização portuguesa e do sistema escravista aqui implantado. Assim, existem até hoje os que falam pelos pobres, os que tomam conta deles, os que organizam por eles, os que "cobram" por eles, que, ao final, permanecem pobres. Na verdade, faltaria matéria-prima, por exemplo, para a ação de "fervorosos evangelizadores do proletariado" se este último viesse a elevar significativamente seu nível de vida. As intervenções tutelares de cunho ideológico onde se mesclam política e religião, "organizando" os "oprimidos", na realidade espelham a luta de facções pelo poder em si.

Quanto à tradicional tutela dos políticos profissionais ou de carreira, esta se manifesta de maneira inequívoca durante as campanhas eleitorais, quando candidatos em busca de votos distribuem favores, promessas e ilusões, percorrendo as periferias onde se localiza a miséria, cheios de asco e sorrisos.

O resultado da votação, onde numericamente a pobreza é que domina, só pode expressar o produto de nossa própria realidade com relação à maioria dos vitoriosos. Nossa realidade é subdesenvolvida politicamente. E nossa democracia se processa num país do faz-de-conta. É tropical e marota. Só brota, malandramente, na época das eleições. A pobreza extrema sabe disso. Fora o prazer de "apostar" em seus ídolos, olha com desconfiança a classe política e os partidos. O povo, como um todo, cada vez mais olha assim. Apesar disso, continua votando no que aparece. É o jeito.

capítulo IV
A Pobreza do Voto

Agora já não é normal
O que dá de malandro regular profissional
Malandro com aparato de malandro oficial
Malandro candidato a malandro federal...

CHICO BUARQUE DE HOLANDA

O país real e o país do faz-de-conta

No período compreendido entre 17 de junho e 16 de julho de 1985, uma pesquisa de opinião pública feita pela Toledo & Associados, a pedido do Instituto de Estudos Políticos do Partido da Frente Liberal, analisou dados levantados junto a um universo de 252 pessoas em vários bairros da capital paulista. O método adotado foi o da amostragem não-probabilística e os pesquisadores de campo obtiveram respostas e opiniões espontâneas. O relatório entregue ao deputado Herbert Levy, pelos professores Nélson Bom (da PUC), Marcos Cintra Cavalcanti de Albuquerque (FGV) e Francisco José de Toledo, concluía que "a imagem do político brasileiro está desacreditada e vinculada à corrupção, empreguismo, promessas não-cumpridas, falta de seriedade e incompetência". Entre os vários resultados obtidos apareciam os seguintes: 42% afirmaram não acreditar em políticos e 57,1% desprezaram o discurso político, seja em palanques, seja na mídia eletrônica. A razão apresentada foi que o discurso nada tem a ver com a ação política (63,5% são capazes de perceber quando as palavras são mentirosas).

A grande informação trazida pela pesquisa, segundo seus coordenadores, foi a constatação de que "existe um abismo entre a realidade e as necessidades do povo e aquilo que ele espera e requer da ação política. O povo quer coisas mais concretas como saúde, bem-estar, segurança, educação, alimentação. Os dados mostram que o povo não crê nos milagres nem nos políticos, mas tem uma crença muito forte: a esperança".

Entre as perguntas feitas, uma indagação foi colocada: "O que você gostaria de ouvir da boca de um político?" As respostas destacaram: a verdade (25%); ação em vez de palavras (20%); cumprimento das promessas (11%); e aumento de salário (12%).[1]

Essa opinião negativa com relação aos políticos vem aparecendo com freqüência nos jornais não só como crítica por parte da imprensa, mas através da opinião de leitores. São, naturalmente, pessoas pertencentes às classes mais elevadas. Entretanto, outras pesquisas atestam que a desconfiança e o ceticismo com relação à classe política não fazem parte do universo apenas dos mais cultos ou abastados, mas pertencem ao povo em geral, incluindo a pobreza absoluta. A pesquisa que embasou este trabalho confirmará tal tendência, reflexo da incompetência do Executivo, conjugada à anemia das estruturas de representação como os partidos políticos e o Legislativo, incapazes de cumprir adequadamente seu papel de mediação entre sociedade civil e Estado.

O Poder Executivo, por ser o mais forte, o mais evidente, o mais sentido através de seus atos que repercutem no dia-a-dia das pessoas, tem sido também o mais analisado. Mesmo nas eleições são as disputas de cargos relativos ao Executivo que despertam o interesse da massa. Em 86, as atenções estavam inteiramente voltadas, em todo o Brasil, para os candidatos a governador e não para os aspirantes aos outros cargos, não obstante tenha sido a eleição que definiu a atual Assembléia Nacional Constituinte. Mas não apenas nesse pleito tal fenômeno ficou evidente. Sempre foi assim. O mesmo ocorre quando há eleições municipais. A candidatura de prefeito é a que consegue monopolizar as atenções. A dos vereadores funciona mais como se esses fossem figurantes do *show* político.

Quanto à *performance* dos dois poderes, chega a ser impressionante o contraste entre conhecimento, por parte do povo, dos atos do Executivo e desconhecimento dos do Legislativo. As pessoas não têm a mínima noção do que faz este poder talvez porque realmente faça muito pouco. Mesmo as câmaras de vereadores, que deveriam se constituir em elos de poder mais próximos ao povo, não suscitam o menor interesse por parte da maioria das pessoas. A respeito do

1 *O Estado de São Paulo,* 7/8/85, p. 6.

assunto é significativa a pesquisa publicada em 3/7/86 no jornal *Folha de São Paulo*, que, entre outros resultados, apontou os seguintes:

> Tudo aquilo que os 33 vereadores da Câmara Municipal de São Paulo, por exemplo, fazem, discutem ou votam não tem a menor importância para a população da cidade, na opinião da própria população. De cada cem paulistanos que votaram nas últimas eleições para o Legislativo municipal, realizadas em 1982, 87 não se lembram em qual vereador votaram. Apenas nove afirmam recordar a quem deram o voto, e quatro disseram ter votado em branco ou anulado o voto.
>
> Essa pouca importância que o cidadão paulistano confere a seus representantes na Câmara Municipal, a ponto de esquecer seus escolhidos, foi detectada em pesquisa realizada pela DataFolha no dia 26 de junho junto a mil pessoas maiores de 23 anos, das diversas regiões da cidade, divididas por nível socioeconômico, sexo e idade.
>
> A pesquisa pretendeu verificar o grau de conhecimento e atuação dos vereadores votados pelos paulistanos em 1982. E os resultados não foram animadores para os políticos: mesmo entre os paulistanos que disseram lembrar em quem votaram, e que tiveram seus representantes eleitos, apenas 26% tomaram conhecimento de algum projeto elaborado pelo seu vereador nestes quase quarenta meses de mandato.
>
> As quatro perguntas feitas à população pesquisada foram do tipo "filtro" — ou seja, somente no caso de resposta afirmativa é que o questionário continuava. Dos mil entrevistados, 720 votaram na cidade de São Paulo. Desse total, 62 lembraram o nome do vereador escolhido, sendo que 34 elegeram seu candidato. Apenas nove souberam indicar um projeto elaborado pelo seu vereador.[2]

Se isso ocorre com relação à Câmara Municipal, não é preciso muito exercício de imaginação para calcular a distância que se processa entre o povo e o poder central, a "corte" instalada em Brasília, ou seja, entre o país real e o país do faz-de-conta. O Executivo, apesar de mais conhecido pela evidência de seus "personagens" e pela maior divulgação de seus atos, sempre foi, não obstante isso, mistério em suas entranhas, em seus desígnios secretos, que chegam ao público prontos e acabados, ordens a serem cumpridas, deveres a se sujeitar. O Judiciário, sem autonomia financeira, administrativa e política, vai a reboque do Executivo, tanto no plano federal quanto no estadual. É uma entidade invisível em termos populares. Quanto

---

2 *Folha de São Paulo,* 3/7/86, p. 26.

ao Legislativo, senadores e deputados costumam se materializar diante de seus representados somente durante as campanhas eleitorais. Mas, dos três Poderes, sem dúvida é o Congresso Nacional que mais se presta à análise que faz emergir com nitidez o irrealismo do político. Há muito mais de um país do faz-de-conta do que do país real na retórica legisferante dos representantes do povo através do voto.

Na chamada Nova República, jornais e revistas vêm expondo algo do que se passa nos bastidores da "corte". Naturalmente os leitores são relativamente poucos diante da massa constituída de analfabetos, semi-analfabetos, ou mesmo dos que tendo tido algum lustro de educação formal não cultivam o hábito da leitura. Para esses, a informação vem por intermédio do rádio e da televisão, bem mais caracterizados como lazer, leves e digeríveis ao paladar do público, sem pretensões de reflexão mais profunda ou de análise, mas apenas visando entreter. Mesmo assim, deve-se levar em consideração que, se os leitores de jornais e revistas não constituem a maioria, acabam por influenciá-la. Eles em geral pertencem à classe média e através desta é que as informações costumam fluir, tornando-se contribuição importante na formação da opinião pública. Essa influência de quem lê atua num contexto onde o processo de modernização e o apelo de consumo de uma sociedade capitalista, mas ainda subdesenvolvida, acirram os contrastes entre riqueza e pobreza e geram insatisfação generalizada, na medida em que as aspirações se tornam diversificadas, inclusive ao nível daqueles que não tendo quase nada já querem alguma coisa além do pouco que possuem. Essa insatisfação, consciente ou latente, costuma, entre outros alvos, dirigir-se aos políticos. É quando se compreende o quanto o voto é inútil e o poder é distante, servindo tão-somente aos que conseguem alcançá-lo e que, uma vez instalados, se transformam na classe dirigente com as características inerentes aos que comandam, no Brasil, seja qual for sua origem social. Entre as características, podemos recordar, entre as já citadas, a incompetência associada à malandragem, sempre observando que existiram e podem existir honrosas exceções.

Em todo caso, mesmo que a imprensa chegue a distorcer fatos e cometer equívocos, apelar para o escândalo ou sucumbir a outros poderes tais como o político e o econômico, que nada tenha de sagrada porquanto é humana e portanto falível, o fato é que não se pode subestimar seu papel crítico. Como disse o jornalista e escritor Paulo Francis, "Tudo está na imprensa". E foi entre o "quarto poder" e o Congresso que na chamada Nova República começou a acontecer uma das contendas mais interessantes dos últimos tempos. Se a maioria não lê jornais ou revistas, se a massa pobre e iletrada ouve por assim dizer que seus candidatos eleitos estão indo à forra, sem melhores detalhamentos, pelo menos os aspectos levantados pela grande imprensa trouxeram à luz fatos interessantíssimos sobre o que poderia se denominar de pobreza do voto. E assim, um mundo irreal, um país do faz-de-conta apareceu nas páginas de revistas e jornais.

Quando o circo pegou fogo

Quando o falecido Senador Nilo Coelho (PDS-PE) fraudou um voto no sistema eletrônico do Senado, ficou conhecido como "tocador de piano". Em 13/6/85, jornalistas do *Jornal do Brasil* fotografaram e identificaram quatro deputados "tocando piano" durante a votação da regulamentação das eleições municipais. Votavam simultaneamente nos botões de suas cadeiras e nas dos seus vizinhos ausentes, os deputados Albino Coimbra (PDS-MG), Fernando Bastos (PFL-SC), Homero Santos (PFL-MG) e Ronam Tito (PMDB). O fato foi divulgado por jornais, revistas e mostrado em noticiários de televisão. Sem dúvida, era alguma coisa mais escandalosa do que se pegar um estudante colando. O episódio fazia lembrar a frase atribuída ao General De Gaulle e que, aliás, aborrece muita gente, de que o Brasil "não é um país sério". Seja como for, o acontecimento se diluiu no tempo, causando porém, na época, irritação na população contra o descaramento da fraude dos ditos parlamentares.

No mesmo *Jornal do Brasil,* era noticiada em 14/6/85, ao lado da fotografia dos deputados "pianistas", a sessão em que se processou a votação fraudada. Mesmo correndo o risco de excesso de compilação, vale a pena transcrever alguns trechos da matéria. É uma descrição que contribui de certa maneira para ajudar a avaliar a pobreza do voto, ou seja, o "produto" que aparece nas eleições e que acaba sendo eleito, o qual, sendo resultado do nosso subdesenvolvimento político, serve de parâmetro de avaliação para sabermos o que somos em termos de cultura política, desde que se tenha a coragem de encarar de frente tal realidade, sem necessidade de ouvir certas observações — corretas, muitas vezes — da boca de estrangeiros:

> Depois de cinco horas de sessão, durante a qual houve 31 votações e mais de cem discursos, entre questões de ordem, apartes, tumultos e ameaças de agressão, a Câmara dos Deputados aprovou, sem os dois turnos, o projeto de regulamentação das eleições municipais de novembro, quando serão escolhidos os prefeitos de Capitais, áreas de segurança nacional, estâncias hidrominerais, municípios de territórios e municípios novos. Foram 278 votos a favor, 5 contra e 1 abstenção.
>
> O Presidente da Câmara, Deputado Ulysses Guimarães, teve dificuldade para conduzir os trabalhos e explicar o procedimento da votação. De todos os lados surgiam manifestações de indisciplina, vaias e gritos, o que provocou a suspensão dos trabalhos por quatro vezes. Quando o projeto foi posto em votação, muitos se atrapalharam no uso do equipamento eletrônico.
>
> Enquanto o Deputado Gastone Righi (SP), líder do PTB, lançava ao ar um aviãozinho de papel, que aterrissou na bancada do PMDB, o líder do PDS, Deputado Prisco Viana, protestou contra o tumulto da sessão. O Deputado Agnaldo Timóteo (PDT-RJ) tentou arrancar o microfone das mãos do líder Pimenta da Veiga e ameaçou agredir o líder do PFL, Deputado José Lourenço. Depois foi para o fundo do plenário, onde se serviu do almoço que mandou buscar em um restaurante. [3]

A narração dispensa maiores comentários. É por si só evidente. Tudo, porém, causaria terrível má impressão e passaria, se não fosse o prosseguimento da cobertura por parte de jornais, revistas e mesmo canais de televisão, de outros abusos, como os *jetons* pagos a parlamentares que não compareciam — como continuam não comparecendo — às sessões. Mas a tensão entre o Legislativo e a imprensa alcançaria seu clímax quando apareceu na primeira página do *Jornal de Brasília* uma irreverente fotografia na qual a cúpula da Câmara estava substituída por um circo. Tratava-se de uma justaposição fotográfica. O circo estava montado no Eixo Monumental e, da forma como foi fotografado, ficava exatamente no lugar da cúpula. Embaixo da fotografia, lia-se o seguinte título: "Um circo e algumas semelhanças."

A fotografia provocou grande ira entre os parlamentares. A revista *Veja* de 11/9/85, numa matéria intitulada "Uma briga de circo",

3 *Jornal do Brasil*, 14/8/85, 1.º caderno, p. 4.

publicou a opinião de alguns deles, como a do Deputado Ulysses Guimarães que lançava "um alerta à opinião pública para a campanha de calúnias e difamações contra o Congresso Nacional, destinada a emudecer o Parlamento, conter as reivindicações dos trabalhadores e do empresariado, abalar o prestígio e a força das Casas Legislativas, e assim, mais uma vez, adiar ou impedir as grandes reformas que a nação exige". Também o então presidente do Senado, José Fragelli, acusou a existência de uma "injustificada e insidiosa campanha contra o Congresso Nacional e seus membros". Afirmou que o *Jornal de Brasília* tinha chegado a "níveis incompatíveis com a dignidade de uma imprensa responsável e livre".[4]

Qual dos dois poderes, imprensa ou Legislativo, estava com a razão? A resposta aparece de forma bastante equilibrada através da própria imprensa, numa sugestiva análise feita pela *Veja* de 21/8/85, em matéria cujo título era "O poder perplexo". Ali se dizia que: "na transição para a democracia o Congresso oscila entre os maus hábitos do passado e as exigências que o país lhe impõe." Para embasar tal afirmação, seguia-se uma lista de projetos importantes e alguns aspectos do funcionamento do Congresso dentro de uma linha de ação parlamentar séria. Em seguida, apareciam exemplos de projetos inúteis em circulação assim como os deslizes do cotidiano do Poder Legislativo. Desde que não houve desmentido da matéria, por parte dos Congressistas, pode-se concluir que a reportagem foi fiel à realidade.

Dos projetos importantes são mencionados, entre os 6.000 que tramitavam no Senado e na Câmara em agosto de 85, algumas propostas, tais como: a tese da Constituinte, nascida no Congresso, as emendas constitucionais, visando tornar a distribuição de recursos da União mais favoráveis aos Estados e Municípios, dois projetos referentes a tribunais específicos para julgar conflitos fundiários, a elaboração de uma nova lei orgânica dos partidos, além da discussão pelo Congresso da restauração de suas prerrogativas.

Entre os pontos altos do Poder Legislativo, apontavam-se, entre outros, o funcionamento do Congresso em muitos episódios como "um centro de resistência contra as ameaças às instituições democráticas", o Congresso como "escola de formação de políticos" e

---

4 *Veja*, 11/9/85, p. 36.

como "centro irradiador de debates importantes para a nação", assim como "o levantamento de denúncias de corrupção que muitas vezes partiu do plenário da Câmara".

Quanto aos projetos inúteis, mais da metade dos 6.000 que não conseguiram espaço para tramitar eram demagógicos e sem sentido. Os próprios parlamentares admitiam, segundo a *Veja* que: "mais da metade dos projetos apresentados não têm utilidade alguma para o país — destinam-se a agradar eleitores e contribuem para atravancar os depósitos do Congresso."

Do pitoresco ao grotesco, da extravagância à inoperância, alguns exemplos são suficientes para se avaliar a "imaginação criadora" de muitos parlamentares:

Segundo projeto apresentado pelo Deputado Ruy Côdo (PL-SP), entrevistas locais, nacionais ou internacionais e noticiários com imagens de criminosos seriam proibidos na televisão ou no rádio. A proibição estendia-se às entrevistas das próprias vítimas.

Dedicar datas a algum tipo de homenagem parecia ser o afã predileto dos parlamentares. Tramitavam na ocasião proposições estabelecendo o Dia dos Avós, o Dia Nacional do Forró, o Dia Nacional do Tropeiro e o Dia da Água, entre outras datas.

Pronto para entrar na ordem do dia, estava o projeto do Deputado Albino Coimbra (PDS-MG) que promovia a capoeira à condição de "luta nacional brasileira".

Do Deputado-cantor Agnaldo Timóteo (PDS-RJ), foi a idéia de que todos os discos lançados no país teriam de incluir pelo menos duas músicas brasileiras que há 25 anos não eram gravadas.

O Deputado Rubens Ardenghi (PDS-RS) apresentava projeto visando legalizar as brigas de galo. O projeto já havia passado por duas comissões.

Ainda do Deputado Ruy Côdo, projeto proibindo a todo motorista "acossar pedestre ou outro veículo". Estavam previstas penas para quem "fechasse, insinuasse rotas de colisão ou invadisse a área dinâmica mínima necessária e compatível para o pedestre ou veículo".

O Deputado Mário Hato (PMDB-SP) redigiu proposta autorizando a Mesa da Câmara a mandar erigir dentro do Congresso uma escultura em homenagem às vítimas das duas guerras mundiais. A obra deveria ser escolhida através de concurso público nacional.

Estava na ordem do dia um projeto de lei que modificava a letra do Hino Nacional. Dois versos, segundo o projeto, deveriam ser alterados: saía "deitado eternamente em berço esplêndido", entrava "desbravas com ardor teu solo esplêndido", saía "fulguras ó Brasil florão da América", entrava "ostentas o maior brasão da América".

O Senado já havia aprovado, cabendo então à Câmara pronunciar-se a respeito, um projeto do Senador Jorge Kalume (PDS-AL) pelo qual, de cada cinco filmes feitos no Brasil com financiamento público para cinema e televisão, pelo menos um teria de versar sobre a história do Brasil ou sobre seus vultos.

Depois de tramitar durante dois anos, o projeto do Deputado Freitas Nobre que regulamentava a profissão de escritor foi retirado de pauta, pouco antes de ser votado, pelo próprio autor. O projeto previa a assinatura da carteira profissional dos escritores e o pagamento antecipado, pelas editoras, de 10% dos direitos autorais. Os próprios escritores criticaram duramente o projeto.[5]

Não é de admirar, pois, que milhares de projetos permaneçam sem aprovação nos porões do Congresso, nem que se saiba tão pouco da atividade parlamentar. Quanto aos "deslizes do cotidiano do Congresso" enunciados pela revista *Veja*, tais como: empreguismo, "pianistas", *jetons*, voto de liderança, desperdício, truques para camuflar vantagens e benefícios e "espírito de corpo", significando a reação dos parlamentares às críticas como se fossem endereçadas ao Congresso como instituição e não àqueles que cometem irregularidades, reaparecerão várias vezes em outras revistas e jornais.

Em dezembro de 84, quando presidia o Senado o Senador Moacyr Dalla, estourou o escândalo conhecido como "trem da alegria": 1.500 funcionários celetistas foram transformados como num passe de mágica em estatutários, com direito à estabilidade. Somados aos que já existiam, totalizavam 5.400 funcionários à disposição de 59 senadores. Em maio de 86, um veemente editorial da *Folha de São Paulo* denunciava que outro "trem da alegria" estava a caminho. Num dos trechos do editorial, lia-se:

> De instituição democrática, o Congresso vê-se transformado em cabide de emprego para filhos, primos, irmãos, genros, netos e cunhados. A desordem moral dos parlamentares adquiriu a candura, a claridade, a inconsciência selvagem dos que se sentem impunes em suas faltas e abusos. Em meio a um processo histórico de democratização, a sociedade brasileira vê-se obrigada a conviver com um Congresso corroído

5 *Veja*, n.º 885, 21/8/85, pp. 22-25.

internamente pela mais pura falta de vergonha. Um Congresso que se inutiliza a si próprio, incapaz de cumprir até mesmo a função mais burocrática: inepto, afogado na indolência, na irresponsabilidade e na omissão.[6]

Vinham assim à tona muitos aspectos dos bastidores do Poder Legislativo. A única novidade de tudo, provavelmente, residia na veemência e na constância das denúncias. No presente, as marcas da origem, onde a "mais pura falta de vergonha" e a malandragem coexistem com a inépcia e o culto ao ócio abençoado, extrapolando o simples aspecto institucional para se tornar estrutural. Questão de subdesenvolvimento político, quando o poder emerge na sua crueza primitiva, sem retoques e sem maquilagem, sem máscara e sem a encenação próprios das campanhas eleitorais, mais camarim de circo do que "escola de políticos". Aparece, então, de forma nítida, a pobreza do voto. "Moeda" manipulada ao nível emocional da grande maioria, instrumento de escolha, mas que praticamente não tem o que escolher, dado o teor da "mercadoria" apresentada, voto que está longe de ser um puro e consciente exercício democrático, pois acaba favorecendo muito mais a ambição dos que almejam o poder do que as aspirações dos que a este poder se sujeitam, legitimando-o.

O desgaste do Legislativo, provocado pelas atitudes de seus participantes, por ser inerente ao nosso próprio tipo de cultura política, não se limita aos bastidores da corte do poder central em Brasília. Em todos os estados, em todos os municípios, Assembléias Legislativas e Câmaras Municipais, reproduzem com a fidelidade do reflexo no espelho todas as mazelas, malandragens, farsas burlescas e, especialmente, a conhecida e velha arte de ganhar sem fazer esforço dos senadores e deputados federais, lembrando-se aqui, mais uma vez, que podem existir honrosas exceções. No todo, porém, prevalece o "jeito", que tudo faz funcionar a contento, o faz-de-conta do irrealismo político perdido na retórica do grotesco e na demagogia dos projetos inúteis que ignora a realidade e com ela o eleitorado, tornando o voto espantosamente pobre. De concreto, costumam produzir suas excelências, com rapidez espantosa e grande objetividade, acréscimos sobre seus salários fixos, *jetons*, mordomias sem conta. Como exemplo, vejamos a Assembléia do estado mais importante da

---

6 *Folha de São Paulo*, 1.º caderno, 11/5/86, p. 2.

federação, ou seja, São Paulo, onde, não contentes com um *jeton* diário, os deputados recebem dois, incluindo sábados, domingos, feriados, períodos de recesso parlamentar, além dos correspondentes às oito sessões extraordinárias por mês. Sobre a mesma, assim dizia uma nota do jornal *O Estado de S. Paulo*:

> Os dois *jetons* diários datam de antes de 64, quando os deputados, impedidos de aumentar seus subsídios porque o imperativo constitucional então vigente estabelecia que eles só poderiam ser reajustados de uma legislatura para outra, decidiram desdobrar as sessões em duas. No ímpeto inicial da Revolução, após o recesso punitivo imposto à Casa em 1969 (AI-5) em razão de várias distorções, como o excesso de sessões extraordinárias, a discutida verba pessoal, etc., o sistema foi abolido, voltando-se a uma única sessão por dia.
>
> No entanto, com o advento da emenda n.º 22 da Constituição Federal, ele foi restabclecido pela Resolução n.º 8 de 1982. A Mesa e a liderança de todas as bancadas, sem exceções, assinaram nota a respeito, justificando a iniciativa. Alegaram que "a realização de mais uma sessão ordinária é antes de tudo uma necessidade há muito sentida e o regimento interno só não foi antes alterado devido à expressa vedação constitucional, que deixou de existir após a promulgação da emenda 22". Em resumo, alegou-se que a iniciativa, aprovada por unanimidade, visou racionalizar os trabalhos e tornar "dispensável a realização de sessões extraordinárias", as quais, não obstante, continuam a ser realizadas no limite de oito por mês. [7]

É bom lembrar que o escândalo dos *jetons* denunciado pela imprensa consiste exatamente no fato dos integrantes do Poder Legislativo, em todos os níveis, receberem por sessões às quais não comparecem

Nas Câmaras Municipais, multiplicam-se igualmente as notícias de descalabros, de episódios lamentáveis de agressões verbais e físicas, de absoluta incompetência, de presteza em obter rendimentos os mais polpudos possíveis com o mínimo esforço.

No sentido de ilustrar tal afirmação, tomemos como exemplo a Câmara Municipal de Belém, segundo matéria da revista *Veja*:

> No único projeto que votaram este ano, os membros da Câmara Municipal de Belém conseguiram, numa só tacada, golpear o bolso do con-

[7] *O Estado de São Paulo*, 25/8/85, p. 7.

tribuinte e ofender o plano de estabilização econômica. Na quarta-feira, dia 21, durante uma das mais concorridas sessões da Casa, quinze dos dezenove vereadores aprovaram para si próprios um aumento salarial de 70%, que eleva seus vencimentos de 20.000 cruzados mensais para 34.000.

Para votar a proposta de aumento, os vereadores gastaram apenas três minutos, numa sessão em que Alonso Guimarães, do PMDB, leu o projeto num ritmo semelhante ao utilizado por locutores de corridas de cavalo.

Antes de seu próprio aumento, os vereadores de Belém já tinham chamado a atenção da cidade com a votação de outro projeto polêmico. Graças à proposta chamada carinhosamente de "Parabéns pra você", apresentada por Agostinho Linhares e aprovada por unanimidade, nenhum aniversário de vereador deixa de ser saudado da tribuna por um companheiro de bancada do aniversariante, que é homenageado também com tradicionais salvas de palmas ao final do discurso. [8]

Esses tipos de exemplo vêm se multiplicando infinitamente pela imprensa. A par da grande quantidade de bobagens, inutilidades e dramas sentimentais que aparecem em jornais e revistas, as notícias e as análises políticas dos que melhor representam nossa imprensa não deixam de ser a única fonte capaz de se aproximar razoavelmente da realidade, visto que as análises intelectuais existentes primam em geral por tal teoricismo, que ao tentar enquadrar a realidade em suas teorias, e não fazer o contrário como devia ser, acabam por levar ao devaneio dos sonhos, não só quem as produz como quem as lê, estando mais para o que deve ser, do que efetivamente é.

Além do mais, não parece haver por parte da imprensa o intuito de desmoralizar o Poder Legislativo em si como instituição. Como tal, todos reconhecem sua importância e necessidade. O problema se concentra na própria atitude dos parlamentares ausentes na maioria das vezes do país real, imersos num país de faz-de-conta, no qual as delícias do poder são a meta que se alcança através das viagens fabulosas, *jetons,* facilidades de vida de todas as espécies, além dos aspectos de caráter subjetivo tão necessários aos políticos, como prestígio, poder de decisão, notoriedade, etc.

---

[8] *Veja,* 4/6/86, p. 42.

Na descrença e na apatia populares em relação ao poder em geral, o sentimento de que política não é coisa para valer, muito menos para os mais desvalidos, para a pobreza extrema que sabe que só pode levar vantagens nas campanhas eleitorais. De bom mesmo na política é o que há de festa, de jogo, de apostas, de sonhos e esperanças configurados nos carismáticos de todos os graus, ainda que demagogos, populistas e trapaceiros.

Muito mais real, o Executivo, o Leviatã propriamente dito, a parir de suas entranhas os atos que afetam diretamente a vida de cada um, independente da classe social a que pertença, o que não faz com que esse poder seja menos caótico, absurdo ou inepto. Em todo caso — malgrado a classe dirigente voltada para seus próprios interesses e dos seus parentes e familiares, a malversação dos recursos públicos, a incapacidade de planejar e organizar de acordo com as necessidades sociais, o ônus que representa a máquina estatal com seus milhares de funcionários parasitas, os escândalos, os trens da alegria, etc. —, é o Poder Executivo que congrega em grau muito mais elevado os controles de punição e premiação. Aí reside seu poderio que jamais pode ser ignorado, em que pese poder ser criticado, contestado, odiado ou idolatrado. Se representa uma esfera distante, olímpica, inacessível para a grande maioria, tem mesmo entre nós, na nossa dimensão subdesenvolvida politicamente, algo do "deus mortal" a que se referia Thomas Hobbes. Max Weber disse que, entre outros motivos, os homens obedecem por medo ou por esperança. Tudo indica sejam esses os motivos maiores para a obediência. No nosso Executivo, reside de forma superlativa a capacidade cartorial de premiar através de empregos ou sinecuras de toda ordem. É ele também que pode punir, pois só a partir de sua ordem entram em cena a polícia ou o exército, a repressão e a prisão. Só o "deus mortal" tem a força e a capacidade de delegar o uso da força. Ele é o Executivo. O resto vai a seu reboque.

Também é nele que assoma o poder "personalizado" mais importante, na figura do presidente da República. Face visível do Leviatã, símbolo maior de poderio, é o presidente que concentra as aspirações, as esperanças, as frustrações e os sonhos da massa. Dele se espera que seja pai magnânimo, salvador, Papai Noel. Mesmo não sendo alguém que se imponha pelo carisma, é sempre notado, provocando, quando aparece em público, reações das mais emocionais. Estas podem ir das vaias aos aplausos, e, em geral, os seguranças têm trabalho para conter à distância o povo que quer envolvê-lo, abraçá-lo, tocá-lo, como se através de gestos físicos se pudesse contrair o poder e assim dele também participar.

Variando em grau, mas no mesmo sentido, governadores e prefeitos, centros de atenções nos estados e municípios, "núcleos" supremos do poder local, capazes de atrair como pára-raios emocionais simpatias e antipatias, ódios e adorações, ressentimentos e devoções.

Nas eleições de 86, ressentiam-se os candidatos ao Senado e à Câmara Federal com a indiferença popular. O interesse dos eleitores concentrava-se nos que disputavam a governança. Repetia-se assim, mais uma vez, a apatia do povo com relação ao Legislativo, incapaz de punição, premiando mas não com a mesma força do Executivo. Poder de faz-de-conta, mesmo quando estava em jogo a escolha da nova Assembléia Nacional Constituinte. Na verdade, a maioria esmagadora não sabia o que era isto. Não só gente pobre e analfabeta, mas pessoas mais graduadas e bem de vida, incluindo estudantes universitários. É que as leis no Brasil também são distantes, mal conhecidas, muito numerosas e pouco cumpridas. Além do mais, vai se acelerando a descrença popular com relação aos legisladores que de longa data costumam legislar tão-somente em causa própria.

Uma vez eleitos, os constituintes confirmaram a continuidade da pobreza contida no voto, a fragilidade do Legislativo. Conquistaram o poder, malgrado a apatia e a indiferença do povo, que de forma espontânea e surpreendente superou pela votação em branco o resultado obtido por muitos candidatos, mas logo no início dos trabalhos legislativos surgiu uma "Torre de Babel" onde ninguém se entendia a respeito de nada, do regimento interno que devia estabelecer o funcionamento da Constituinte ao conceito de soberania que alguns deputados, na sua ânsia incontida de acumular poder, queriam impor aos demais. Resolvidos tais assuntos depois de mais de um mês de longas e estéreis discussões, entremeadas de propostas tais como a volta da monarquia, seguiu-se o episódio da gravata, e a *Folha de São Paulo* assim o registrou:

> A atitude do deputado petista Gumercindo Milhomem Neto (SP) que, anteontem, no Congresso constituinte tirou a sua gravata para discursar na tribuna da Câmara, é reveladora da mentalidade que predomina entre os encarregados de elaborar a próxima Carta Magna do país. Com seu ato demagógico, o deputado, através de uma peça do vestuário,

quis ensejar mais um debate estéril e extemporâneo aos trabalhos constituintes.

Talvez o deputado desejasse dividir os constituintes em duas bancadas, uma pró-gravata, outra antigravata, transformando-a, quem sabe, em mais um "símbolo do imperialismo" ou outro clichê do gênero. Alguns dias mais e os parlamentares talvez estivessem se dividindo entre os favoráveis e os contrários, por exemplo, aos jaquetões usados pelo presidente Sarney. [9]

Acontecimentos como este fizeram alguém comentar que a Assembléia Nacional Constituinte estava parecendo uma enorme câmara de vereadores. Tudo indica que, até o final de seus mandatos, suas excelências ainda cometerão tantos e tais atos que, novamente, virá à memória de quem viu a fotografia e acompanhou a polêmica uma gigantesca lona de circo no lugar da cúpula da Câmara. E, enquanto for se discutindo o uso ou não da gravata, os cargos a serem ocupados nas comissões, o aumento dos subsídios, as viagens de volta ao mundo, etc., dificilmente a nova Carta Constitucional será promulgada no dia 7 de setembro, conforme tinha sido prometido. Pega fogo o "circo" no calor de discussões inócuas, de disputas por cargos internos de poder que propiciem mais vantagens de todos os tipos. Pega fogo o país real, enquanto as greves se sucedem, estradas são bloqueadas por agricultores, os juros bancários vão à estratosfera, a inflação recrudesce de uma forma nunca antes sentida, a recessão econômica se torna cada vez mais evidente, e a moratória declarada pelo governo no pagamento dos juros da dívida externa faz sentir seus efeitos nas atitudes internacionais de represálias contra o Brasil.

Essa anemia do Legislativo — na verdade uma questão de origem, de subdesenvolvimento político, de mentalidade herdada e transformada ao longo dos séculos para produzir nossa própria e inconfundível realidade malandra e confusa, sem noção de ordem, hierarquia e disciplina, plasmada através do culto ao ócio abençoado e da festividade intrínseca do social — está intimamente associada à fragilidade dos partidos políticos. Mesmo correndo o risco de uma análise que vai se tornando repetitiva a respeito dos nossos partidos, é impossível falar-se da pobreza do voto sem ao menos aludir a tal assunto.

---

9 *Folha de São Paulo,* 14/3/87, A-5.

Partidos políticos ou clubes de interesses?

A partir de 1964, os partidos políticos brasileiros foram submetidos a experiências que os enfraqueceram ainda mais como canais de representação popular e acentuaram seu caráter de clubes de interesses.

Em 22/6/86, uma matéria de *O Estado de S. Paulo* deixava claras certas apreensões com a Assembléia Nacional Constituinte e a situação dos partidos:

> Na Assembléia Nacional Constituinte, corre-se o risco de não-formação de maiorias claras e transparentes, ainda que as previsões sejam de ampla vitória da Aliança Democrática. O pior é que, sem uma regulamentação partidária eficaz, poderemos chegar a um texto pulverizado e sem organicidade, fruto de intervenções variadas. Uma colcha de retalhos contraditória. Para que seja permanente, ou, ao menos, para que dure algumas décadas e possa dar embasamento institucional ao país, a nova Constituição precisará ser articulada. De que maneira isso acontecerá, porém, se os partidos são internamente desarticulados e sujeitos à desagregação?[10]

Na realidade, nunca o comércio da política foi tão exacerbado, e jamais os partidos políticos estiveram tão descaracterizados como representantes da opinião pública, ou de segmentos sociais, como no período anterior às eleições de 86.

Para além de uma reacomodação, que seria natural, dos políticos antes contidos artificialmente no bipartidarismo durante tanto tempo, surgiu um processo acentuado de troca de siglas que sugeria muito mais o oportunismo da caça às vagas nas convenções e o acerto de interesses eminentemente pessoais de poder pelo poder. Impossibilitados de obter uma vaga no seu próprio partido para disputar algum cargo eleitoral, muitos políticos formaram ou passaram para pequenos partidos chamados de aluguel, na medida em que estes seriam usados apenas durante aquela eleição, estando fadados ao desaparecimento na sua maior parte.

A acentuação do oportunismo partidário, a ausência de qualquer ideologia, princípio ou disciplina por parte de partidos e de políticos, não podem ser explicadas a partir de um enfoque apenas

---

10 *O Estado de São Paulo*, 22/6/86, p. 3.

institucional, porquanto as instituições refletem uma totalidade social especificamente brasileira. Por outro lado, a compreensão de nossa fragilidade partidária demanda um esforço de conhecimento das situações sofridas ao longo da história pelos partidos políticos, onde sempre será observada a presença e a interferência do Executivo Federal, Leviatã centralizador do poder.

Na medida em que muitos pensadores brasileiros já se dedicaram à tarefa de analisar, em profundidade, a trajetória histórica dos nossos partidos, e como não é este o objetivo principal deste trabalho, nos limitaremos aqui apenas aos traços gerais e mais marcantes da nossa evolução partidária até os dias atuais, no intuito apenas modesto de tentar interpretar por este ângulo a pobreza do voto.

Neste sentido, é preciso rememorar que, desde os tempos do Império, a criação dos partidos sempre foi obra do governo e, por conseguinte, estiveram sujeitos às manobras deste e sem qualquer representatividade popular. Tanto o Partido Conservador como o Partido Liberal eram controlados por D. Pedro II que promovia a alternância dos mesmos no Gabinete.

Extintos esses partidos, a partir da proclamação da República, começaria então a chamada "política dos governadores", sendo que os partidos republicanos de Minas Gerais e São Paulo forneciam ao Executivo federal, através das forças oligárquicas dos respectivos estados, o respaldo necessário para controlar o Congresso. Portanto, os partidos estaduais se uniam em alianças para atingir o âmbito nacional conservando, porém, a força de suas bases oligárquicas locais.

Como tentativas a nível nacional, surgiram o Partido Socialista, fundado em 1902, e o Partido Comunista, em 1922.

A "política dos governadores" terminaria em 1930. Começam então a aparecer partidos com ramificações em vários estados, sendo os mais significativos a Ação Integralista Brasileira, de Plínio Salgado, e a Aliança Nacional Libertadora, representantes, o primeiro, das tendências de direita, e o segundo, das de esquerda.

Em 1937, a partir do Estado Novo, Getúlio Vargas cassa todos os partidos políticos. Mais uma vez, o poder central punha e dispunha conforme seu desejo.

Com a deposição de Vargas em 1945, surgiu uma multiplicidade de legendas para disputar a Constituinte de 46. Entre as mais importantes, o Partido Social Democrático (PSD), a União Democrática Nacional (UDN) e o Partido Trabalhista Brasileiro (PTB). Foi essa a época mais importante na nossa vida partidária. Lentamente, parecia haver uma certa sedimentação, o que não quer dizer que os partidos expressassem de forma nítida uma representação de interesse de classes sociais. Esboçava-se, porém, um certo amadurecimento das agremiações políticas, o que tampouco significava, necessariamente, uma ideologização dos partidos.

Na história do Brasil, existe, como já se disse, uma repetição de acontecimentos, que guardando suas características básicas se reproduzem dentro de outras etapas de nossa evolução. Assim é que o pluralismo partidário será substituído em 27 de outubro de 1965, através do Ato Institucional nº 2, pelo bipartidarismo, como que a relembrar nossos primórdios políticos imperiais. Criam-se a Aliança Renovadora Nacional (ARENA) e o Movimento Democrático Brasileiro (MDB), alcunhados pelo humor popular de Partido do Sim e Partido do Sim, Senhor.

Em 1970, a ARENA dominará as eleições, quase extinguindo o MDB eleitoralmente. Coincidentemente, é também em 70 que o Brasil se consagra campeão da Copa do Mundo. A alma nacional estava lavada e o presidente Garrastazu Médici, o mais autoritário governante do período militar iniciado em 1964, tornou-se também o mais popular entre os generais-presidentes. Com o chamado "milagre econômico" e a Copa do Mundo, veio a sua consagração perante a maioria, não importando a maior repressão política havida na ocasião para a minoria de idealistas que dizia lutar pelos interesses do povo. Este costumava aplaudir seu presidente ao vê-lo no estádio do Maracanã, assistindo a uma partida de futebol, radinho de pilha colado no ouvido.

Em 1974, o MDB irá reagir de forma surpreendente. Entre as várias análises e explicações, sobre aquele momento de crescimento do MDB, merece destaque a interpretação dada pelo sociólogo Fernando Henrique Cardoso, quando este afirmou que "o MDB teve um papel que foi menos de representar os interesses de grupo ou de classe definidos e mais o de simbolizar um protesto".[11]

---

[11] Fernando Henrique Cardoso e Bolivar Lamounier, *Os partidos políticos e as eleições no Brasil*, coordenadores, Rio de Janeiro, Paz e Terra, 1975, p. 57.

Realmente, a partir daquela data, o MDB, mais que um partido que alimentasse o jogo eleitoral com temas precisos, começou a atrair o eleitorado na medida em que se apresentava como o partido símbolo do antigoverno. É que a insatisfação social se agravava, provocada pela inflação crescente aliada à redução salarial e conseqüente queda de poder aquisitivo das massas. Ao mesmo tempo, a classe média, além de perceber o malogro do "milagre brasileiro", começou a se ressentir da censura, da tortura e da repressão.

Nesse contexto é que o MDB capitalizará os votos de um eleitorado que, muito mais que um partido, via naquele aglomerado de forças políticas o símbolo da oposição ao governo pouco satisfatório.

O papel do MDB como antítese governamental se acentuará nas eleições de 78, na medida em que avançava a crise socioeconômica provocada por condições tanto internas quanto externas. Externamente, rememore-se a crise do petróleo em 1973, solapando as bases econômicas do modelo do "milagre" e praticamente o inviabilizando na segunda alta dos preços do petróleo em 1979.

O crescimento do MDB, que começava a incomodar a maioria governamental, desencadeou por parte do presidente Ernesto Geisel o recurso do fim do bipartidarismo, cuja intenção não poderia deixar de ser a fragmentação da oposição. Surgiram então, no cenário partidário, o PDS no lugar da ARENA, o qual continuou fiel ao governo. Alguns poucos deputados arenistas se uniram a Tancredo Neves do MDB e fundaram o PP. O MDB transformou-se em PMDB, sendo que, em 82, o PP voltou a se incorporar a ele. Apareceram ainda o PDT de Leonel Brizola, o PTB de Ivete Vargas e Jânio Quadros e o PT de Luís Inácio da Silva, o Lula.

O governo do último presidente militar, João Batista Figueiredo, completará a abertura política iniciada no governo Geisel, com exceção de eleições diretas para presidente. No mais, houve a liberação da censura para a imprensa que passou a fazer críticas acerbas ao general, a anistia, que permitiu a volta dos exilados e a libertação de todos os presos políticos, e a eleição direta para governadores.

Entrementes, foi durante a gestão do presidente Figueiredo que se acentuou a crise econômica, agravada por conjunturas internas e externas. A severa estagflação, os salários corroídos, o desemprego crescente, iriam gerar um descontentamento generalizado por parte da sociedade. Assim, no final das contas, todas as mazelas do ciclo militar de 64, todos os ressentimentos com relação ao período denominado autoritário, recairiam sobre o presidente Figueiredo, que doente e desgostoso pedirá ao povo, ao retirar-se do governo, para esquecê-lo. A amargura do presidente provavelmente traduziu o sentimento de quem, tudo tendo feito ao seu alcance para levar o país pelos caminhos da redemocratização, e sendo um dos avalistas da transição para o governo civil, foi tido apenas como um ditador, pagando o preço de todo o autoritarismo que o precedeu.

O descontentamento popular com o governo Figueiredo se manifestaria claramente nas eleições de 82, quando o PMDB, continuando a traduzir o símbolo da oposição a um governo cada vez mais repudiado, saiu-se vitorioso nos principais estados. O PDS ganhou no Rio Grande do Sul, Santa Catarina e no Nordeste, ficando o Rio de Janeiro com o PDT de Leonel Brizola.

Uma vez, porém, no poder dos estados, o PMDB incorreria numa série de erros, os mesmos que antes, como oposição, havia criticado com relação aos governos anteriores. Isso levaria o presidente do partido Ulysses Guimarães a dizer: "Fomos durante vinte anos oposição e agora não sabemos ser governo."

Na transição para a chamada Nova República, mais uma vez haveria rearticulação partidária, e mais uma vez esta seria representativa das elites dirigentes e não do povo. Estava em jogo a sucessão de poder, e, quando isso ocorre, é na penumbra dos bastidores políticos que se trava a batalha para a conquista dos cargos, a única que tem realmente importância para aqueles que os disputarão. O resto é manobra, jogo de luz, encenação de palco, em que a massa comparece como claque que aplaude ou apupa conforme o comando do espetáculo.

Podendo ter feito seu sucessor civil na figura prestigiada popularmente de seu vice-presidente Aureliano Chaves, o presidente Figueiredo, por motivos que estão a demandar outras pesquisas e análises que fogem do âmbito deste trabalho, preferiu apoiar o coronel Mário Andreazza, seu ministro do Interior.

Na convenção do PDS, Andreazza perderá para Paulo Salim Maluf, indesejável também como candidato para o presidente que, em público, fazia um esforço evidente para suportá-lo.

Ressalte-se aqui o jogo malandro da política. A expectativa de apoio dos governos do Nordeste, por parte do governo federal, baseada nos benefícios estendidos de forma abundante aos seus respectivos estados, assim como a presença assídua do ministro Andreazza a cada enchente ou descalabro comuns àquela região, se frustrou diante da escolha de Maluf que naquele momento se apresentava com mais possibilidade de ascensão ao poder.

Como desdobramento ainda desse episódio de típico oportunismo, os mesmos governadores nordestinos deixaram Maluf por Tancredo Neves, na medida em que sentiram o crescimento de seu prestígio, o qual derivava, além da própria capacidade e habilidade do candidato mineiro, das forças que o apoiavam, entre as quais pode-se citar como principal o apoio encabeçado por Aureliano Chaves, também mineiro e principal mentor da candidatura de Tancredo Neves. Some-se a isso a força de uma candidatura baseada no prestigiamento popular surgido a partir da campanha das "diretas já" e respaldado pelos meios de comunicação, notadamente a influente Rede Globo.

A campanha que levou milhões de brasileiros a estonteantes *showmícios*, onde o espetáculo da política atingiu seu ponto culminante no Brasil, com oradores se revezando em palanques com cantores e artistas afamados, em gloriosas e gigantescas festas, reforçou o PMDB novamente como símbolo de oposição e legitimou a candidatura de Tancredo Neves, apesar de, ao final, este acabar sendo eleito não pelo povo que o aclamava nas praças públicas, mas pelo Colégio Eleitoral, considerado como "instrumento espúrio da ditadura", inclusive, em todos os palanques, em todos os *showmícios* das "diretas já".

Quanto ao PDS, definhava a olhos vistos. Descontente com os rumos da sucessão presidencial, um terço dos seus integrantes, liderados pelo então vice-presidente Aureliano Chaves, havia aberto a dissidência que iria culminar com a criação do Partido da Frente Liberal e a articulação da candidatura de Tancredo Neves, vitoriosa no Colégio Eleitoral através da coligação do PFL e do PMDB, chamada de Aliança Democrática.

O povo, mesmo sem a participação direta nas eleições presidenciais, como lhe havia sido prometido pelos políticos oposicionistas, torceu e apostou em Tancredo Neves, transformado em herói, em salvador milagroso, capaz de resolver todos os problemas legados pelos governos anteriores. O anti-herói foi encarnado em Paulo Maluf. Especialmente, os meios de comunicação se encarregaram de transmitir para a massa uma imagem estereotipada de Maluf. Ele era o "turco", o "ladrão", o "corrupto", o "antipático".

Na nossa cultura política, onde predominam — tomando emprestada a teoria de G. A. Almond e G. B. Powell para adaptá-la ao nosso caso — os "componentes afetivos" (baseados em sentimentos de agrado ou repulsa, simpatia ou antipatia, admiração ou desprezo, etc.) e não os "componentes cognitivos" (conhecimentos sobre instituições, partidos, dirigentes políticos, etc., que predispõem uma pessoa a reagir desta ou daquela maneira) ou "avaliativos" (relativos aos valores, crenças, ideais e ideologias), a fabricação de personagens políticas encontra terreno propício, tanto para a imagem do herói, com a qual a massa se identifica e se autovaloriza, quanto a do anti-herói, no qual são descarregados ódios, frustrações e culpas.

O ódio popular a Maluf, bem de acordo com nossa cultura política, no sentido da exacerbação de sentimentos, serviu, como sempre acontece, aos interesses de cúpula. Naquele momento, interessava, à cúpula, Tancredo Neves e não Maluf. Sobre o assunto, quem discorre com precisão é Paulo Francis:

> A presidência de Tancredo foi um arranjo entre as elites vitoriosas de 1964 e as elites derrotadas de 1964.
>
> Maluf é tonitruante. As elites de 1964 queriam tudo menos atrair a atenção sobre si próprias, queriam uma saída discreta, em que a tramóia do "Colégio" se processasse sem arruaça. Maluf contestou-as ruidosamente, bateu-as, expôs-lhes a fraqueza política, já sabida, mas não se toca numa ferida exposta sem levar sobras. E, em seguida, assumiu a bandeira das indiretas pelo cambalacho, como se isso o legitimasse líder nacional. Esqueceu-se, entre outras coisas, de que é um civil, sem gabardine ou pelerine que o proteja da chuva de ovos podres. Todos os insultos contra os militares, reprimidos pelos civis, foram despejados em Maluf.[12]

Depois de vinte anos numa indigência de lideranças carismáticas — com exceção do prestígio obtido pelo presidente Médici — a massa estava ansiosa por um "herói", por um "pai" que a amparasse, que lhe restituísse o sonho e a esperança. Tancredo Neves passou a simbolizar o bem. Maluf, o mal. Diretas ou não, o apoio popular ficou com Tancredo. Fascinado, o cidadão comum, o homem pobre, legitimou facilmente o que antes era espúrio, a escolha feita não por ele, mas pelo colégio eleitoral, ao gosto das elites

---

12 Paulo Francis, *O Brasil no mundo — uma análise política do autoritarismo desde as suas origens,* Rio de Janeiro, Jorge Zahar Editor, 1985, pp. 10-11.

dirigentes. De certo modo, voltava através de Tancredo Neves a imagem de Getúlio Vargas, o "pai dos pobres", aquele que cuida de seus filhos e que de tudo lhes pode prover para que nada lhes falte. Numa sociedade em que 50% da população têm acesso a somente 12% da renda, subdesenvolvida politicamente, alicerçada numa cultura política onde predominam as emoções, nenhuma imagem poderia melhor encaixar que a do pai, do herói (Tancredo Neves foi equiparado a Tiradentes), especialmente num momento em que a transição para a chamada Nova República devolvia ao povo a esperança de superação da profunda crise em que o país estava mergulhado.

A lenta agonia do presidente que não chegou a assumir, o desfecho trágico de sua morte, tudo frustrou a nação na medida inversa do que se esperava de Tancredo Neves vivo. Refeita do trauma, a sociedade legitimou José Sarney, vice tornado em presidente, e buscou nele repor a lacuna paterna deixada por Tancredo. Estava instalada a "Nova República das Ilusões".

Aparentemente, o PMDB havia por fim galgado o poder. Apenas mais uma ilusão projetada pela mágica malandra da política. Tancredo Neves tinha sido muito mais um liberal conservador, representante do extinto PP. José Sarney, recém-egresso do PDS, do qual tinha sido o presidente nacional, significava a própria essência das oligarquias do moribundo partido que ressurgia através de outras siglas partidárias, incluindo o PMDB, e de novos arranjos de grupos políticos.

Os integrantes do PMDB se viram então numa situação inusitada e cômoda: com ou sem as diretas, haviam galgado o maior comando político com suas inerentes honras, glórias e imensas vantagens. Ao mesmo tempo, sendo poder, a cúpula peemedebista, não só a partidária mas a que se encontrava em cargos executivos de relevo como os ministeriais, continuou a fazer oposição a um governo, que, apesar de ser seu, trazia as indeléveis marcas pedessistas e havia servido com denodo o regime instalado em 64.

Na ambigüidade da situação, todas as vantagens foram possíveis para o PMDB: de um lado, as do poder em si; de outro, a manutenção diante da massa de uma atitude de oposição, capaz de empolgar o eleitorado sempre desconfiado com a distância e a inoperância dos poderosos. Ser poder e ao mesmo tempo combater o poder, quando isto fosse conveniente, nada poderia ser mais ideal. Diante dessas sutilezas políticas, o povo se abstinha de compreender.

Temporariamente iria o PMDB "aderir" ao seu próprio governo, quando a popularidade do presidente Sarney chegou ao auge com o chamado Plano Cruzado de fevereiro de 86. Nessa ocasião, o então senador pelo Paraná, Álvaro Dias, atual governador desse Estado, apareceu seguidamente na televisão para dizer que o Plano Cruzado tinha "o selo do PMDB".

Na esteira da popularidade do Plano Cruzado, do presidente José Sarney, da sustentação de sua máquina administrativa usada politicamente nos estados, através de seu poder financeiro, o PMDB haveria de vencer de forma quase total as eleições de 86. Mas já não era mais o antigo MDB, símbolo de oposição. Continuava como "frente de oposições", mas muito mais descaracterizado, tal a sarabanda da troca de siglas partidárias efetuada pelos políticos. A começar pelo presidente Sarney, eram inúmeros aqueles governadores, senadores e deputados, tanto federais como estaduais, que, vitoriosos pelo PMDB, tinham sido da ARENA e, mais recentemente, do PDS. Ou então pertenciam de fato a outros partidos como os de esquerda, fazendo do PMDB apenas um "guarda-chuva" cômodo, capaz de dar aos candidatos a sustentação de uma máquina administrativa e financeira, praticamente inexistente em partidos menores.

Nesse sentido, pode-se afirmar que a extinta ARENA, chamada por Francelino Pereira de "maior partido político do Ocidente", e depois transformada em PDS, continuava viva através de outros partidos, notadamente o PMDB.

Segundo estudo realizado por David Fleischer da Universidade Nacional de Brasília, "a infiltração da ARENA no PMDB é tão grande que reduz a 40% o número de constituintes autenticamente ligados ao partido de Ulysses Guimarães".[13]

Além do mais, só para citar alguns exemplos que confirmem a dança de siglas por parte dos políticos, e sua inconsistência ideológica, vejamos concretamente alguns casos, onde se pode observar, inclusive, a presença de malufistas que compunham os quadros do PMDB:

> Na Bahia, o PMDB absorveu tantos malufistas que é incapaz de ter uma posição única frente, por exemplo, à reforma agrária. A aliança,

[13] *O Estado do Paraná,* 20/3/87.

formada para enfrentar o ministro Antônio Carlos Magalhães, deu resultado: nas eleições de novembro, o PMDB baiano chegou ao governo do Estado com vantagem de cerca de 1,5 milhão de votos, e fez a maioria das bancadas estadual e federal. De qualquer modo, as principais lideranças baianas admitem que não será fácil para o governador eleito, Waldir Pires, dividir o bolo de cargos no governo sem ferir suscetibilidades de ex-malufistas e peemedebistas históricos.

Apesar das negativas do PMDB pernambucano, o ingresso do ex-malufista Nílson Gibson no partido criou um visível mal-estar entre os militantes históricos. Desenvolto, Gibson afirma que se sente muito à vontade entre os antigos adversários e lembra que foi um dos fundadores do antigo MDB.

No Espírito Santo, vieram da velha ARENA e do PDS os nomes mais representativos do atual PMDB, eleitos com grande votação. A começar pelo ex-governador e senador eleito Gérson Camata, que ingressou no partido somente em 1982 e tem dificuldades em identificar-se com as lideranças mais tradicionais. Ao lado de Camata, estão o senador biônico João Calmon, o atual governador José Moraes, o líder do governo na Assembléia, Valcy Ferreira, e o prefeito de Vitória, Hermes Laranja. Todos ex-arenistas, que preferem esquecer os tempos das campanhas pela anistia ou pelas "diretas já".

O mais notório malufista a entrar no PMDB do Paraná foi o empresário de comunicação José Carlos Martinez. Já nas eleições municipais de 85, cronistas da emissora de Martinez, em Curitiba, chegaram a ser processados por causa do festival de proselitismo em favor do PMDB.

No Rio, o grande vencedor das eleições de novembro para o governo do Estado, Wellington Moreira Franco, é do PMDB. Mas anteriormente se candidatara ao mesmo cargo pelo PDS. Dos deputados malufistas fluminenses, o que teve maior sorte no PMDB foi Messias Soares, que conseguiu se reeleger. Outros malufistas, como Wilmar Palis e Feres Nader, foram para o PDT brizolista e hoje amargam o fracasso eleitoral, sem mandato e sem prestígio junto a Brizola.

O ex-ministro Jarbas Passarinho, um dos mais notáveis nomes da antiga ARENA e do PDS, não foi para o PMDB. Mas conseguiu a eleição para o Senado justamente graças ao apoio dos peemedebistas, que no Pará fizeram estranha coligação com o PDS. O PMDB paraense elegeu também 13 deputados federais, sendo três ex-pedessistas. Entre os 16 estaduais, sete têm a mesma origem. Um dos mais votados, Haroldo Bezerra, foi destacado membro do grupo liderado pelo deputado federal Sebastião Curió, ex-agente do SNI e malufista fervoroso.

A campanha do governador eleito do Rio Grande do Sul, Pedro Simon, recebeu o apoio de um malufista, Cláudio Strassburger, com quem o governador Jair Soares rompeu antes mesmo de sair do PDS para o PFL.

A entrada de ex-malufistas no PMDB alagoano foi um processo traumático, que levou ao afastamento do partido da maior parte do setor "autêntico". Os que ficaram, no entanto, convenceram-se rapidamente de que as adesões levariam o partido à vitória. Em parte, acertaram: o governador eleito, Fernando Collor de Melo, é do PMDB Mas, quando deputado federal, integrava o PDS, votou e fez campanha para Paulo Maluf.[14]

No Piauí, tomou posse como governador eleito pelo PMDB, Alberto Silva. Na sua movimentada vida política, pertenceu à ARENA, sendo por este partido indicado e eleito governador do Piauí pela Assembléia Legislativa do Estado em outubro de 1970.

Estes poucos exemplos, que poderiam ser multiplicados em todos os estados, atestam a fragilidade ideológica do atual "maior partido do Ocidente", e pode levar algum leitor a perguntar: "Que novo PMDB é este?" Não há nada de novo, é claro, nem em nenhum dos atuais partidos. Continuam como clubes de interesses. Na sua constante ciranda partidária, os que se candidatam se limitam a mercadejar utilidades, esperanças e ilusões. O eleitor, por sua vez, como analisa Anthony Downs em *An Economic Theory of Democracy* (N. York, 1957), "procura na política a máxima utilidade, como o consumidor na economia". O economista ainda afirma, tomando como analogia o modelo de trocas de bens e serviços numa economia de mercado, que: "no mercado eleitoral, os partidos propõem seus serviços aos eleitores e rivalizam entre si para obterem votos." "Em vez de apresentarem-se às eleições com uma política de princípios, os partidos adotam a política que julgam lhes dará a vitória. Na verdade, a ideologia dos partidos é ditada pelas circunstâncias. Conseqüentemente, os partidos escolherão a respectiva estratégia em função da estrutura do eleitorado, presumida ou conhecida."[15]

No nosso caso, mais que os partidos, esses amontoados confusos de ânsias individuais pelo poder, são os candidatos dos vários partidos que se apresentam no "mercado eleitoral", onde pouco

---

14 *O Estado de São Paulo,* 28/12/86, p. 4.

15 Citado por Roger-Gérard Schwartzenberg, *Sociologia política,* São Paulo — Rio de Janeiro, Difel, 1979, pp. 507-508.

adiantam princípios ou ideologias, valendo apenas a capacidade de persuasão de acordo com a "estrutura do eleitorado". Talvez, por isso, o discurso da "direita" seja tão parecido com o da "esquerda". Aí está também uma explicação razoável para a personalização do poder. As pessoas dizem preferir votar no candidato e não no partido.

Isso não significa que não seja importante, do ponto de vista do candidato, poder contar com três elementos fundamentais em sua campanha: uma estrutura partidária forte que o sustente, muito dinheiro e uso adequado de meios de comunicação. Sem isso, é preciso ser um eficientíssimo feiticeiro de massas, um grande demagogo que saiba gesticular, gritar, lançar chispas pelos olhos, um carismático, enfim, de acordo com a grande maioria do eleitorado, feito sob medida para acalentar os sonhos e as esperanças, durante a campanha, é claro. Dificilmente se mantêm os sonhos e as esperanças de um povo quando se alcança o poder.

Afora o carisma, a personalização de uma imagem capaz de arrebatar o espetáculo da política, não há dúvida, porém, que, em termos de máquina partidária de sustentação eleitoral, o PMDB era, no momento, o que melhor oferecia ao candidato suportes necessários à sua campanha. Isto ficou evidente em 86, quando o PMDB se tornou "partido dominante", chegando alguns analistas políticos a lembrarem o Partido Revolucionário Institucional, PRI, do México. Guardadas as devidas proporções e diferenças, o novo "maior partido do Ocidente", se ainda não se mexicanizara, apresentava um poder de votos em campanha difícil de ser superado por partidos menores. Não lhe faltavam também, se bem que em doses menores que as do PRI, deformações como o autoritarismo e a corrupção. E, se o PMDB ainda não englobava as centrais sindicais, sua constância no poder poderia lhe proporcionar o controle de grupos de pressão significativos, com ou sem a anuência destes e com apoio militar, inclusive. Portanto, bem diferente em aspectos históricos e mesmo conjunturais do PRI, o PMDB já era um "partido dominante". Das suas tendências antidemocráticas, das aberrações que adviriam dessa situação, só nos poderiam salvar as próprias cisões internas peemedebistas, geradas pela incoerência ideológica, baseada nos múltiplos interesses individualistas e conflitantes entre si, de que se compunha a chamada "Frente de Oposições".

Contudo, a ser conservado o gigantismo peemedebista, mesmo assim não haveria alteração significativa no país real, levando-se em conta que o partido continuaria frágil no sentido de sua incapacidade de articulador de interesses populares. Para além de uma "Frente de Oposições", capaz de oposições apenas internas, porquanto era no momento situação e não mais oposição, permaneceria o poder do Executivo forte que comanda e dá as cartas. Interessa ser elite do poder. Partido é apenas máquina que financia, que organiza, que sustenta campanhas. Não existem ideologias partidárias. No Brasil, é apenas o "salve-se quem puder". Nossos partidos, incluindo o desfigurado PMDB, são trampolins de candidatos, ilusões para eleitores, as provas mais cabais da pobreza do voto.

Desconfiada, a massa espreita. Descrê dos partidos e dos políticos em geral. Anseia pelo líder, pelo salvador, pelo condutor de ilusões. Aqui e ali, desponta alguém capaz de manter acesa a esperança, ainda que as desilusões se sucedam. O espetáculo tem que continuar. E continua de maneira privilegiada, envolvente, festiva, através de modernos palanques eletrônicos. Agora, a política está no ar.

capítulo V
A Política no Ar

Os povos gostam do espetáculo; com isto, dominamos seu espírito e seu coração.

LUÍS XIV

Os refúgios da ilusão

Hoje, as ilusões são extraordinariamente diversificadas. As "fábricas de sonhos" produzem muito mais entretenimento em série para a massa. O *show* tem lugar de destaque nos palcos do mundo. Em política, também, os "espetáculos" são cada vez mais sofisticados e difundidos. Vão ao ar através do rádio e da televisão. É cada vez mais fácil simular, iludir, manipular emoções, antigas artes do poder agora ampliadas de forma global. Se, na Roma imperial, as festas chegavam a ocupar 175 dias em certos anos, no nosso atual Brasil, além das tradicionais festividades que mantêm a plebe tão ocupada quanto a da Roma antiga, o rádio e a televisão são os modernos palanques eletrônicos, de onde qualquer pessoa se pode comunicar com um imenso auditório o ano inteiro. Desses meios privilegiados de comunicação, atores políticos transmitem seus *shows,* capazes de concorrer em emoção e divertimento, jogo e prazer, com outros espetáculos do agrado da massa, ou seja, aqueles onde predominam formas de baixíssimo nível intelectual e altíssimo teor emocional.

Atingindo desde o indivíduo da classe mais alta até o da mais baixa, no seu cotidiano e na sua intimidade, é sobre o pobre que "telas mágicas" e "caixinhas de sons" exercem todo o seu efeito. Sem as diversificações e o acesso ao lazer dos estratos mais elevados, ou mesmo médios da sociedade, no rádio ou na televisão se encontram os refúgios de ilusão da pobreza. Nas casas ou casebres mais humildes, no bar onde se bebe cachaça e joga sinuca, no ônibus dos farofeiros, nas profundezas do rural, em todas as superfícies do urbano, lá estão, um ou outro, ou os dois, mas, sem rádio ou televisão, quem é que pode passar? Quem vive sem fantasias?

Meios de comunicação, meios de controle, meios do poder. Em si, porém, nada valem. O ator político tem de saber representar um *show* muitíssimo bem ensaiado. Nem todos, porém, nascem "feiticeiros de massa", com o dom da representação, capazes de pisar firme o palco das ilusões e dominar a platéia do mundo com seus dons universais. A maioria, para chegar a uma razoável *performance,* tem de buscar — desde é claro que possua recursos financeiros — os especialistas do *marketing* político, os que pretendem dirigir, coordenar e organizar campanhas políticas de modo tão racional quanto campanhas publicitárias.

Esse tipo de atividade, nascida nos Estados Unidos, o *campaign management,* tem se difundido entre nós com menos sofisticação e mais malandragem, naturalmente. Muitos *experts* do *marketing* político brasileiro vão à forra durante as épocas eleitorais, como, de resto, o comum dos brasileiros. Algumas empresas do gênero, mais privilegiadas, continuam a ofertar seus serviços, mesmo depois das eleições, para governantes interessados em manter sua popularidade. Mas desde as agências mais sérias, que procuram imitar suas congêneres americanas, até aquelas à la brasileira, todos sabem que os apelos à clientela política têm de ser feitos às emoções e não à razão.

Segundo Ernest Dichter, fundador nos Estados Unidos do Institute for Motivational Research:

> ... os políticos, os homens de negócio ou os publicitários que, deixando de lado as exterioridades, reconhecem a irracionalidade fundamental do homem e compreendem suas necessidades e seus desejos, têm mais probabilidades de vencer.
>
> Por ocasião das pesquisas efetuadas no decorrer de campanhas eleitorais, nós verificamos que o público prestava muito mais atenção aos gestos, às expressões, ao sorriso dos candidatos... que ao sentido e ao conteúdo de seus discursos. [1]

---

1 Citado por Roger-Gérard Schwartzenberg, *O Estado espetáculo,* Rio de Janeiro — São Paulo, Difel, 1978, p. 218.

Na linha da imagem trabalhada no sentido de conquistar as emoções do público, se esmeram as agências de campanha política, sem nenhuma garantia, é claro, de vitória para o candidato, especialmente se ele for uma negação total na arte de representar seu personagem. Na verdade, não é muito fácil manipular as motivações mais profundas da clientela, das quais nem ela mesma tem plena consciência. O ideal é simplificar dificuldades e problemas, impor uma imagem confiável que traga esperanças. Ideologia, mensagens, doutrinas, programas, são de menos. Os especialistas sabem que, sobretudo a pobreza extrema, preocupada com suas necessidades imediatas, dotada de visão apenas "paroquial" ligada a seu entorno imediato, é extremamente sensível ao personagem político que transmita segurança e esperança. Pouco interessam o partido, as mudanças de partido, as simulações ideológicas tão oscilantes dos candidatos. Tudo o que se quer é um Jimmy Carter subdesenvolvido, capaz de acertar em cheio na vibração coletiva ao transmitir com convicção: *trust me* (confiem em mim).

Agências de propaganda, consultores políticos, pesquisas, novas técnicas de comunicação. Vale tudo para a conquista do voto. E tudo erra, tropeça, se equivoca diante da massa que espreita, espera, desconfia, negocia e faz sua peculiar identificação através dos milhões de eleitores, maioria em pobreza angustiante e frustradora. Nas favelas, nos conjuntos habitacionais, nos bairros miseráveis, eles dirão com seus votos na urna: "esse nos serve. É como se fosse um de nós. Ao mesmo tempo, vai nos proteger. Esse vai olhar pela gente."

De que modo penetrar nesse inconsciente coletivo? Como conquistar a confiança popular? De que maneira conseguir a identificação onde reside a vitória eleitoral e que não significa ser igual na pobreza ou na desgraça, mas, ao contrário, se igualar na fórmula mágica do sonho? Não, nenhum "supermercado eleitoral", nem recursos financeiros fabulosos, nem meios de comunicação, nem nada conseguem a identificação consumada na boca da urna. Se tudo isso ajuda, fica por conta de um indefinível "algo mais" que possui o "feiticeiro de massas", o demagogo, o campeão de mentiras que exageradas ao máximo se transformam em ilusões, a capacidade de converter momentaneamente a descrença em crença, a rotina em festa, o rancor, o surdo e abafado rancor oriundo da diferença entre os ricos e os pobres, na igualdade ilusória de propósitos que profegem, beneficiam, lisonjeiam. Iguala-se, ao mesmo tempo, o ator político à sua platéia, nos rápidos instantes em que a arte de simular igualdade deve ser a mais convincente possível no apelo a emoções exaltadas, no nivelamento por baixo, no linguajar do xingamento, na violência traduzida em gestos exagerados, na mediocridade das acusações aos adversários, na impossibilidade de qualquer teor ideológico, na ignorância enfim que o subdesenvolvimento político acaba por envolver "líderes" de massa sequiosos de poder, e liderados limitados demais para conseguirem ultrapassar o único aspecto político ao qual estão acostumados: a festa. Coniventes e satisfeitos, candidato e eleitores, merecem-se reciprocamente.

Assim nascem, a cada eleição, pequenos e grandes ditadores mascarados de democratas. Para além das delícias do poder, dos seus benefícios materiais, em cada um dos vencedores brota o sentimento de superioridade, o lampejo de se sentir divino, porquanto capaz de interferir e modificar a vida das pessoas, de decidir por elas, de pairar acima do vulgo, de privar de um olimpo reservado aos vitoriosos, todas essas necessidades imateriais, subjetivas, que, junto às materiais, compelem certos homens a buscar o domínio e os transformam em classes dirigentes.

No caso brasileiro, em que se fala tanto em autoritarismo, é bom lembrar que o subdesenvolvimento político ligado a fatores históricos, econômicos e sociais resultou até o momento na impossibilidade real do aparecimento não só de um sistema político democrático, mas também de atitudes democráticas por parte dos governos, assim como dos membros da sociedade em geral. Essa idéia, que nada tem a ver com as teorias que tentam provar a necessidade das ditaduras ou justificar a desigualdade natural existente entre os homens, mas que é feita à guisa de alerta e de constatação de nossas próprias limitações que surgem como desafios a serem encarados, faz lembrar o pensamento de Skinner. Segundo sua teoria comportamental, "a escravidão, assim como a ditadura, não se baseia em controle ou exploração, mas sim numa relação mútua entre senhor e escravo, entre ditador e aqueles que a ele estão submetidos. Seria o próprio comportamento do escravo que inspiraria o senhor a explorá-lo ou castigá-lo, da mesma maneira que o comportamento de um povo inspiraria o aparecimento de ditadores".[2]

---

2 Citado por Arnaldo Spindel, *O que são ditaduras*, São Paulo, Editora Brasiliense, 1981, p. 13.

O autoritarismo no Brasil, camuflado de democracia através do paternalismo, e presente desde nossas origens, é legitimado através da aceitação popular. No que se refere especificamente à pobreza extrema, se, de um lado, seu próprio condicionamento e atraso acabam por conduzir a atitudes de defesa como a violência individualizada, o humor, e a malandragem, as quais nada têm a ver com esforço de qualquer tipo, esperando-se sempre que alguém faça ou providencie pelos "necessitados", por outro lado, tal mentalidade impede a massa pobre de evoluir para uma situação em que seja capaz de conquistar seus direitos sem necessidade de tutelas. De uma maneira geral, nossos pobres preferem a cômoda caridade oficial ou religiosa, o que no Brasil vem a dar no mesmo, apesar da separação da Igreja e do Estado desde a primeira Constituição republicana de 1891. Essa mentalidade da pobreza, decorrente da mentalidade que se originou na senzala, impede que qualquer política governamental desenvolvimentista, como a que foi feita por Juscelino Kubitschek, logre todo o êxito que poderia alcançar. Até intenções paternalistas costumam não dar certo por falta de colaboração dos agraciados. É inviável, por exemplo, distribuir alimentos ou terras aos pobres, de graça. Não saberiam usar o que recebessem e acabariam se aniquilando mutuamente na medida em que uns quisessem ficar com mais que os outros. A fraterna opção pelos pobres não acrescenta nada para eles próprios. No máximo, pode render dividendos políticos para quem afirme fazê-la. Em todo caso, é compreensível que justamente os mais pobres busquem seu "salvador", seu "pai", o líder que pode facilitar a vida de diversas maneiras, e que ao mesmo tempo conduza com mão firme e vigorosa, apontando os caminhos, já que é penoso e trabalhoso descobri-los de forma individual ou coletiva.

Repousam, pois, as relações no Brasil entre elite e massa, sobretudo as que dizem respeito à massa miserável, na reciprocidade consentida e legitimada de atitudes, onde a tutela política é cômoda para ambas as partes, numa espécie de conivência institucionalizada da malandragem, predominando o jeito e a esperteza como virtudes máximas da mentalidade nacional.

Em tal contexto agem os políticos, usando como podem os dons carismáticos que porventura possuam, e os meios disponíveis que conseguirem obter através da máquina partidária, dos recursos financeiros e meios de comunicação. Notadamente o rádio e a televisão, essas modernas fábricas de sonhos, esses refúgios de ilusões, se prestam admiravelmente ao *show* da política, fornecendo à massa através de imagens trabalhadas pelo *marketing* político, o divertimento, o jogo, o espetáculo. Através da encenação dos vários atores políticos, cuja maioria não convence por suas *performances,* a massa aposta no que lhe parecerá mais de acordo com suas conveniências e esperanças. Num paradoxal e complexo processo em que se crê descrendo, e se espera sem muita esperança, na medida em que o voto dado resulta quase sempre em frustração na razão inversa do que dele se esperava, o povo acompanha atento, no momento político privilegiado da campanha eleitoral, o desempenho de seus personagens preferidos, através não só dos contatos pessoais, quando se pede o que quer e se arranca o que puder do candidato, mas no sossego das casas, pelo rádio ou pela TV, quando passa a existir a sensação de que o pretendente ao cargo eletivo está se dirigindo a cada um em particular e se submetendo a seu julgamento individualizado. Essa forma de valorização da pessoa, que para o indivíduo pobre assume uma relevância ainda maior do que para as demais classes, na medida em que, por sua condição, sofre as agressões e o desprezo mais acentuados da sociedade, é que faz com que os palanques eletrônicos funcionem com muito maior impacto e efeito do que os tradicionais palanques de rua. Mesmo os monumentais *showmícios* atraem para as praças públicas mais pelos artistas profissionais do que pelos artistas políticos. Através do rádio e da televisão, a relação é muito mais "pessoal" entre o candidato e seu ouvinte ou telespectador, mesmo não havendo o contato físico. Portanto, através das "fábricas de sonhos", se faz uma política mais elaborada, de maior capacidade de persuasão, além de ser mais higiênica para a maioria dos candidatos que abominam a proximidade com o povo, sobretudo, com os mais pobres, que costumam não primar por higiene ou saúde perfeita. Através do rádio e da televisão, se evita o inevitável aperto de mão, o abraço suarento, o bafo etílico. Assim, diante de tantas vantagens, se vêem os que anseiam pelo poder, compelidos a buscar câmeras e microfones, esses "instrumentos" imprescindíveis, capazes de seduzir, agradar e mobilizar a massa, quando aqueles que os utilizam são capazes de transmitir, pela voz ou pela imagem, pelos gritos ou pelos gestos, pelo tom humilde ou pelo discurso flamejante, por tudo isso e o mais que se fizer necessário, a confiabilidade suficiente para conquistar o poder e, em alguns casos, mantê-lo.

Radialismo, um dos possíveis caminhos do poder

A importância do rádio numa sociedade como a nossa — onde as estatísticas apontam para trinta milhões de analfabetos, e a maioria letrada não cultiva o hábito de ler, nem sequer jornais — é significativa. Seu impacto especial se localiza, pelas razões já expostas no início deste capítulo, na massa mais pobre, com especial relevo para a pobreza extrema. É que, além de ser companhia, lazer, consolo, o barateamento dos receptores transistorizados fez com que aqueles que não dispõem de um mínimo indispensável para uma sobrevivência digna pudessem ter acesso pelo menos a esse recurso de entretenimento e informação. Naturalmente, uma informação adequada à capacidade de percepção e às necessidades emocionais do público ouvinte. Futebol, música sertaneja, músicas de *disc-jockeys,* hora da Ave-Maria, noticiários, novelas, entrevistas, sensacionalismo policial, etc., tudo as rádios AM proporcionam em qualquer hora e em qualquer lugar. Dificilmente, não se encontra um "*medium* quente" no mais humilde barraco de uma favela, na casa feia do bairro da periferia. Pelos territórios da miséria sempre se filtra pelos ares o som de uma música chorada, a voz convincente de um locutor, o trecho de um comercial de mercadoria barata. No interior, o rádio rompe o isolamento. Na cidade, por toda parte, ampliando a audição da massa, o rádio está presente nos táxis, nos bares, junto às empregadas domésticas, colado ao ouvido do operário que vai de bicicleta para o trabalho.

A influência do rádio se torna, pois, considerável, inclusive em termos políticos, não só pelo fato de alcançar milhões de pessoas, penetrando na sua intimidade e nas suas emoções, como também através do sentido que Marshall McLuhan explica haver na radiodifusão, a qual, não dando tréguas a seus usuários, impõe-lhes uma mensagem completa. Desse modo, o rádio se presta admiravelmente às doutrinações, incluindo as de maior importância no sentido de controle social e domínio sobre as massas, ou seja, as de caráter político e religioso. É significativo, por exemplo, que no nosso país a Igreja possua 124 emissoras de rádio, enquanto a União, através do Sistema Radiobrás, tenha apenas 81. É que tanto os religiosos quanto os políticos conhecem a força desse meio de comunicação, que permite falar diretamente aos sentimentos e às emoções das massas.

Hitler, por exemplo, usou e abusou do rádio. Em *Mein Kampf* ele escreveu: "Toda propaganda deve determinar seu nível intelectual de acordo com a compreensão do mais limitado dos indivíduos a que ela se dirige." [3]

Governantes franceses recorreram ao rádio para se impor à opinião pública. Entre eles, De Gaulle foi o que mais se notabilizou no uso do microfone, pois o sabia fazer com inigualável carisma.

Nos Estados Unidos, Franklin Delano Roosevelt foi um dos que mais soube usar o rádio como "arma política". E. J. Wrage e B. Baskerville, citados por Schwartzenberg em *O Estado espetáculo*, disseram a respeito de Roosevelt: "Por intermédio das conversas ao pé do fogo (*fireside chats*) ele tornou calorosas, interessantes e pessoais as questões governamentais: a respeito de diversos assuntos ele criou uma opinião pública à qual poucos parlamentares se atreveram a permanecer indiferentes." [4]

Seguindo, sem dúvida, essa inspiração, e na busca de apoio popular, os assessores do presidente José Sarney criaram o programa "Conversa ao Pé do Rádio". Sem o talento radiogênico de um Roosevelt, ou o carisma de um De Gaulle, em tudo lembrando muito mais D. Pedro II, com suas manias literárias, o presidente só poderia se impor aos brasileiros através desse tipo de comunicação, caso seu governo pudesse controlar os impasses gravíssimos de ordem econômica que vêm convulsionando a sociedade. Diante da crise interna e externa, do fracasso do Plano Cruzado, os recados do presidente soam eufóricos em excesso. São como ficção de mau gosto e não conseguem convencer nem aos que estão acostumados à mentira oficial. Como disse Paulo Francis: "A maioria da população permanece marginalizada como marginalizado está o país do que se passa na economia mundial. É o Brasil real impossível de esconder no frontispício da euforia da propaganda do governo." [5]

Portanto, se o rádio pode ser um dos caminhos do poder, certas circunstâncias, aliadas a personalidades pouco carismáticas, inviabilizam a conquista ou a manutenção da popularidade. Mesmo assim, não são poucos os que buscam ascensão política através do

---

[3] Roger-Gérard Schwartzenberg, ob. cit., p. 173.

[4] Roger-Gérard Schwartzenberg, ob. cit., p. 176.

[5] Paulo Francis, "O Brasil se marginaliza do processo econômico mundial". *Folha de São Paulo*, 30/10/86, p. 38.

rádio. Alguns conseguem, chegando a afirmar que sem esse meio de comunicação jamais teriam tido condição de se eleger.

De fato, o rádio serviu e tem servido a inúmeros políticos ou pretendentes a cargos políticos. Desde a década de 40, apresentadores de programas radiofônicos conseguiram se transferir para a política, usando o sucesso alcançado em seus programas. É o caso do radialista Manuel da Nóbrega, animador de auditório da antiga Rádio Nacional, e que se elegeu deputado estadual por São Paulo em 1947.

Na legislatura passada da Câmara dos Deputados, vários parlamentares tinham sido radialistas, como, por exemplo, Sérgio Ferrara (PMDB-MG), eleito prefeito de Belo Horizonte nas eleições de 85, Samir Uchoa (PMDB-SP), João Gilberto (PMDB-SP), Valmor Giavarina (PMDB-PR), Rita Furtado (PDS-RO), Gióia Júnior (PDS-SP) e Antônio França Teixeira (PDS-BA).

Nas eleições de 86, foram tantos os candidatos radialistas aos vários cargos eletivos — e também jornalistas e apresentadores de TV que entraram na disputa de maneira privilegiada — que um político gaúcho chegou a sugerir a desincompatibilização desses profissionais na medida em que ele e outros candidatos se consideravam prejudicados. Os radialistas, atuando como repórteres, comentaristas e analistas, defenderam seu espaço, alegando ser o rádio seu ganha-pão. É verdade que alguns dos "radialistas" não eram profissionais, tendo conseguido utilizar o rádio apenas com o intuito declaradamente eleitoral. Os que incomodavam, porém, aos políticos, eram profissionais conhecidos, alguns dos quais já tinham conquistado o poder através do uso adequado de seus microfones. A contenda terminou quando ficou esclarecido, a partir de uma consulta ao ministro das Comunicações, Antônio Carlos Magalhães, que por uma instrução antiga do Tribunal Superior Eleitoral, ainda em vigor, os radialistas candidatos aos diferentes cargos políticos disputados nas eleições de 15 de novembro de 86 podiam continuar a trabalhar normalmente, desde que não fizessem propaganda eleitoral em seus programas. Sem dúvida, uma decisão bastante política por parte do ministro. Sob esse véu de legalidade alguns programas continuavam como verdadeiros escritórios de propaganda eleitoral. Funcionou o jeito tão brasileiro, apesar do Departamento Nacional de Telecomunicações ter registrado abusos em todo o país e ameaçado enquadrar o responsável pelo descumprimento das normas de fiscalização por campanha ilícita, o que constitui crime eleitoral. Na realidade, radialistas continuaram a se prevalecer de seus programas como uma tribuna extra, capaz de lhes propiciar uma imagem pública. Essa notoriedade fez nove constituintes radialistas, o que não é muito perante outras categorias profissionais dos eleitos, assim distribuídas: "Advogados — 171. Empresários — 80. Médicos — 48. Engenheiros — 47. Empresários Rurais — 40. Economistas — 24. Jornalistas — 23. Professores — 15. Administradores — 11. Radialistas — 9. Agrônomos — 8. Funcionários Públicos — 6. Sindicalistas — 6. Pastores — 6. Sociólogos — 6. Outros — 59. Total — 559." [6]

Se o rádio não propiciou tantos deputados federais ou senadores, como seria de se esperar, nos estados ficou demonstrada sua importância no sentido do alcance desse meio de comunicação para a grande massa pobre e periférica dos centros urbanos. Mas, sobretudo, ficou claro, que o uso do rádio, através de intenção política, requer por parte de quem assim o utiliza a capacidade de atingir o inconsciente coletivo da miséria através de uma linguagem enérgica, de uma montagem de programas, baseada no cotidiano da pobreza, de uma seleção de temas superficiais e emocionais, de uma teatralização apropriada e, finalmente, como forma última de solução da oferta concreta de benefícios que se fizerem necessários para completar a credibilidade dos ouvintes.

Dois exemplos bastante interessantes do uso apropriado do rádio como fator de ascenção política podem ser dados nas eleições de 86, por conta dos dois deputados estaduais mais votados em seus respectivos estados. Foram eles Afanásio Jazadji, de São Paulo, que concorreu pelo PDS e se elegeu com 558.138 votos, e Luís Carlos Alborghetti, do Paraná, eleito anteriormente vereador pelo PDS, e em 86 logrando conquistar uma vaga na Assembléia Legislativa, concorrendo dessa vez pelo PMDB e obtendo 90.329 votos.

De origem romena, Afanásio Jazadji alcançou sua popularidade através de programas levados na Rádio Capital: "Programa Afanásio Jazadji" (das 8 às 10h, reprisado à meia-noite) e "O Povo na Capital" (das 11h45m às 12h30m), cuja audiência alcançaria, só na Grande São Paulo, aproximadamente um milhão e oitocentos

---

6 *Folha de São Paulo,* 19/1/87, Caderno Especial, B-1.

mil ouvintes. Esse imenso "auditório" é composto pela pobreza dos bairros periféricos. Segundo o próprio Afanásio, são "pessoas humildes, desassistidas, cujos problemas nós resolvemos". Esses "desassistidos" se postam em grandes filas diante da rádio à espera de solução para suas agruras. Pedem internação hospitalar, óculos, dentaduras, cadeiras de roda, emprego para domésticas, localização de parentes desaparecidos, etc. A maioria, porém, confia que o "corajoso" e espalhafatoso Afanásio, que xinga com a maior desenvoltura bandidos e autoridades, possa lhes conseguir a justiça não encontrada nos fóruns e delegacias. Hipnotizadas por esse "feiticeiro radialista", que grita e vocifera impropérios, algumas pessoas disseram ao repórter José Roberto de Alencar, da *Folha de São Paulo,* por que suas esperanças estavam voltadas para o "doutor" Afanásio. Em suas palavras vai transparecer o conteúdo de uma violência que, sendo inerente ao ser humano, aqui surge como conseqüência direta da miséria. É uma violência cotidiana, mesquinha, a infligir o sofrimento que degrada por ser degradado em pobreza, e que apresenta uma faceta comumente não observada por estudiosos do assunto, cuja visão pode ser paternalista no sentimento quase de piedade que isenta os "pobres coitados", vítimas do sistema, ou ideológica na transposição teórica e equivocada de uma luta de classes ou da capacidade messiânica do proletariado assumir o poder. A faceta que emerge quando os próprios elementos do objeto de uma pesquisa, no caso os indivíduos pertencentes à pobreza extrema, são ouvidos ou observados longamente de perto, e avaliados não apenas quantitativamente, é o fenômeno bastante evidente por si só e capaz até de excluir análises mais elaboradas ou sofisticadas, ou seja: a exploração do oprimido pelo oprimido. Eles costumam ser muitas vezes seus próprios algozes, além daqueles que os mantêm, propositadamente ou por indiferença, na ignorância e na sujeição. Ao invés de luta de classes, espelham o surdo rancor de não possuir o que outros possuem, mas normalmente não se esforçam para conseguir o que seria necessário à sua sobrevivência, como que a perpetuar a preferência, do ex-escravo recém-liberto, pelo ócio abençoado. Não almejam a tomada do poder político, pois se sentem incapazes eles mesmos de exercê-lo, preferindo muito mais que assumir responsabilidades ser cuidados e protegidos pelo Estado paternalista. É assim nosso povo, em sua imensa maioria. Uma questão de mentalidade formada a partir de determinado tipo de colonização, o que não quer dizer que nossa gente não seja extremamente esperta, criativa, sorridente e capaz de fazer humor a respeito de tudo e de todos. Isso não exclui, como já se viu, o elemento violência que cresce, não só estatisticamente, mas em ferocidade e requinte, na medida, inclusive, em que numa terra onde poderia haver abundância para todos a mentalidade das classes dirigentes mantém por incapacidade, leviandade e egoísmo a miséria no país do contraste. Convivendo lado a lado com a riqueza, a prosperidade e o consumismo, esses miseráveis vêm aumentando cada vez mais, multiplicando-se em hordas de pobreza extrema. Paradoxalmente, legitimam o sistema político e ao mesmo tempo se nutrem da esperança que pode ser configurada num salvador que lhes traga justiça. Se o salvador souber empunhar adequadamente um microfone, usando na linguagem e no tom de voz a violência e a promessa de justiça, ele será bem-sucedido politicamente. É o caso de Afanásio Jazadji. Vejamos o que algumas pessoas disseram ao repórter da *Folha de São Paulo:*

> Para mim, é Deus no céu e ele (Afanásio) na terra. Seu Afanásio vai contar a verdade no seu programa e eu não vou para a cadeia coisa nenhuma. (Zilda Ligério Rodrigues — metida numa briga de vizinhos e numa estória complicada que incluía um muro derrubado e uma ameaça da Prefeitura de metê-la na cadeia.)
>
> O doutor Afanásio vai obrigar a polícia da 47ª delegacia a devolver os documentos de meu filho Gilberto, assassinado por engano. Eles não atendem porque sou pobre. De Deus eles não têm medo porque são ateus. Então, só o doutor Afanásio pode dar jeito, que dele eles têm medo. (Maria da Costa Cintra.)
>
> Desde que saí da cadeia em 1980, não consigo trabalho. Estou com a mulher grávida. Preciso trabalhar. E só ele pode avisar ao povo que eu sou é trabalhador. Que eu não sou bandido nem perigoso. Ele só fala o certo. Dá pau no governo e nos patrões que não me dão emprego. (Edson da Silva Santos.)
>
> Eu fiquei paraplégico em 1983. Num assalto, levei um tiro. Quero que seu Afanásio fale para aquele advogado me pagar o cheque sem fundo que me passou. No cartório não adianta ir. Só Afanásio para dar jeito. (José Francisco da Silva.)
>
> Meu marido botou na rua eu e as cinco crianças mais pequenas (de 3 a 13 anos), à 1 h da madrugada. Só ficou com o mais velho de 15 anos, que ajuda na oficina, e com a mulher que levou para meu lugar. Chamei a polícia e ela não foi. Fui na Delegacia da Mulher

e me mandaram para ir no Fórum. Lá não adianta. O negócio é vir aqui. (Edirlei Preste Villas Boas.)[7]

No desamparo dos órgãos oficiais, na escassez de recursos econômicos e políticos, a grande massa composta da pobreza extrema vai assim fornecendo a matéria-prima para a eclosão de lideranças políticas típicas do Terceiro Mundo como as de Afanásio Jazadji. Usando fitas gravadas onde aparece xingando perigosos bandidos, hostilizando autoridades, utilizando como método principal de comunicação a violência, elemento básico do cotidiano da pobreza extrema, identificando-se com seus ouvintes através de uma linguagem facilmente assimilável, exercendo uma boa dose de paternalismo, prometendo justiça, simulando ódio que é a desforra dos humildes e pobres contra os poderosos e ricos, Afanásio (e seus congêneres) se torna o salvador, o ídolo, o super-homem dos desamparados, um pai e um herói. Ele é o que dele se espera. Nenhum ideal grandioso o anima. Não prega a luta de classes, mas explora o sentimento de frustração do pobre diante do rico. Não advoga a luta armada para a tomada do poder pela classe proletária, mas cuida da simples e essencial justiça de olho por olho, dente por dente, muito mais ao gosto popular vertido nas vinganças de cunho pessoal. Jamais pontificou sobre mais-valia, mas clama contra injustiças sociais de todos os tipos.

Ele é o solidário, a desforra, a vingança, a esperança da grande maioria pobre, e organiza seu culto com enorme prazer, esculpindo sua imagem à imagem e semelhança de seu público. Distribuindo sonhos, reforçando tristezas e alegrias, mantendo alerta e desperto seu imenso "auditório", transmitindo uma sensação de intimidade, de proximidade, é capaz de se converter num grande centro captador e irradiador de emoções.

Olhado quase sempre com desprezo pelas classes altas e médias, que o observam pelo prisma do ridículo a partir do exagero de suas *performances* calcadas no popularesco, na cafonice, na demagogia, no assistencialismo barato, é justamente nesse tipo de desempenho, de teatralidade, de personagem, que ele aure sua força carismática sobre a massa necessitada de um líder. Assim, das necessidades dos povos nascem os líderes carismáticos, os ditadores de

---

[7] *Folha de São Paulo,* 20/7/86, 1.º caderno, p. 14.

vários graus de força e capacidade de atuação, os demagogos que, estando de acordo com a sociedade em que atuam, são ao mesmo tempo seus produtores e produtos.

Nos nossos *führers* subdesenvolvidos, a intuição do que o rádio pode lhes oferecer através do uso adequado de mensagens emocionais, mistificadoras e irreais, chega às raias de uma surpreendente quase consciência das possibilidades de acesso ao poder através desse meio de comunicação. Nas capitais, nas cidades do interior, muitas carreiras políticas foram possibilitadas pelo rádio. Não é difícil observar nas várias instâncias do poder, a começar pelas Câmaras Municipais, vários radialistas entre os "representantes do povo". É o caso do aqui já citado Luís Carlos Alborghetti, apelidado de "Cadeia", seguidor, imitador, quase uma cópia perfeita de Afanásio Jazadji, que, através de programas policiais no rádio e na televisão, apela para o sensacionalismo e denuncia de forma agressiva casos de assalto, assassinato, estupro, drogas, etc. Sobre o Cadeia, pode-se ler a seguinte descrição da jornalista da *Folha de Londrina,* Rosana Bond:

> Até seus amigos mais chegados concordam: se Luís Carlos Alborghetti não tivesse ocupado, e bem, o rádio e a televisão, sua vinculação com a política jamais teria passado da apresentação de comícios — coisa que ele fez muito, já no fim dos anos 70.
>
> O próprio Alborghetti, campeão de votos para deputado estadual nestas eleições, admite que os pilares de suas campanhas para vereador em 82, e para a Assembléia Legislativa, agora em 86, foram mesmo os espalhafatosos programas policiais, com audiência garantida, principalmente no Norte do Paraná. Foi se esgoelando, xingando, atacando e dando murros na mesa do estúdio que Alborghetti chegou agora ao posto de deputado mais votado do estado, algo que ele provavelmente não imaginaria alguns anos atrás.
>
> As pessoas mais simples e até a classe média — comenta um londrinense — acabaram se identificando com ele, vendo naquele homem, transfigurado em caretas e cabelo desgrenhado, um cruzado defensor da moral, bons costumes e, principalmente, da segurança. Mesmo que tal figura seja um peso-pesado do populismo, que raramente questiona a origem da criminalidade, preferindo achar que a violência se resolve com a morte do delinqüente. Com 42 anos de idade, quatro filhos, vereador eleito em 82 pelo PDS, apesar do aparecimento de denúncia de que passara uma série de cheques sem fundos em Goio-Erê, Cadeia é uma personalidade controvertida. Sua atuação discreta na Câmara Municipal e o tratamento polido que costuma dar aos mais chegados

reforçam a idéia de que ele é um excelente ator. Segundo algumas pessoas que já trabalharam com ele na rádio, "ele se transforma quando entra no estúdio, vira outra pessoa". [8]

Naturalmente, não há apenas esse tipo de atuação por parte de radialistas que querem seguir a trilha política, ou que já conquistaram cargos eletivos. Alguns já conseguiram se eleger com apelos mais chegados ao sentimentalismo ou à popularidade alcançada através do humor e do entretenimento proporcionados aos ouvintes. Existem programas que alcançam razoável sucesso popular através de leituras de cartas de amor e crônicas açucaradas, sorteios de brindes, recados, localização de desaparecidos, piadinhas picantes, oferecimentos musicais, estórias do gênero catástrofe, música sertaneja, etc., tudo enfim que, somado, torna o cotidiano da pobreza extrema mais divertido. Nem todos, porém, que utilizam um microfone com intenções políticas logram êxito, apesar de alcançarem certa popularidade. O sucesso fica por conta daquele ator que melhor represente fundamentalmente duas coisas: a violência e o moralismo. Além do mais, é necessário no rádio ter-se o dom da veemência. São de explosões radiofônicas que a massa precisa para transpor a mediocridade do dia-a-dia. Através do líder que vocifera pelo rádio, os "desenraizados" se reencontram. Enfim, alguém para se admirar e que a todos refletindo como num espelho a todos valoriza. No líder popularesco, a identidade se processa e a igualdade tão almejada é alcançada. Ao mesmo tempo, sentem os mais pobres, existe finalmente alguém para os proteger. Ali está o grande homem. Ele velará pelos seus, e estes o admirarão e a ele se submeterão como se nele houvesse também algo de divino. Como observou Freud: "A maioria dos humanos experimenta a imperiosa necessidade de admirar uma autoridade, perante a qual possa inclinar-se e pela qual seja dominada e por vezes até maltratada." [9]

A pobreza extrema urbanizada do Brasil de hoje é profundamente vinculada aos meios de comunicação e pode passar sem geladeira, mas não sem rádio ou televisão. Através desses dois veículos de formação de opinião pública, as pessoas, sobretudo as mais pobres, sentem certo reconforto através de seus ídolos, de suas mú-

---

8 *Folha de Londrina,* 22/11/86, p. 4.

9 Citado por Roger-Gérard Schwartzenberg, ob. cit., p. 252.

sicas, de seus sonhos, de suas ilusões. Ao mesmo tempo, se tornam capazes de melhor se situarem na sua cidade, no seu país, ou mesmo no mundo, através dos noticiários, por mais precários, manipulados ou distorcidos que possam ser, mas que, apesar de tudo isso, ainda conseguem transmitir certas visões que dão a sensação ao indivíduo — que não lê jornais ou livros — de estar bem informado do que se passa ao seu redor. São também, rádio e televisão, as grandes fontes de divertimento, de lazer. É como se transmitissem sempre a festa tão cara ao espírito e ao coração dos povos, incluindo o povo brasileiro, que tem na festa um dos elementos mais evidentes e mais marcantes de sua cultura, não só através do carnaval, mas na capacidade de transformar qualquer situação num momento festivo, ou em piada. Por tudo isso, se prestam esses meios de comunicação eletrônicos admiravelmente bem à política. Conjugando o ídolo com o espetáculo festivo, fornecendo a simulação da informação e da participação, manipulando com inigualável força emoções e opiniões, são eles os palanques modernos capazes de sensibilizar a grande massa — no nosso caso, composta da pobreza extrema — a ser convertida em eleitores de demagogos ou "feiticeiros" capazes de graus variáveis de sedução e "magia".

Na década de 50, com a instalação no Brasil dos primeiros canais de televisão, não só tal evento contribuiria para modificar atitudes e valores sociais como também o poder político poderia dispor dali em diante de muito maior controle. Dando sustentação a governos, promovendo ou destruindo personalidades políticas, fornecendo a aspirantes a cargos eletivos uma importante tribuna de onde se fala para milhões de pessoas. Na televisão o verbo se fez imagem e habitou entre nós. Como afirmou Schwartzenberg: "Associada ao rádio, atualmente, a televisão se transformou de fato no principal esteio da mídia política e do *star system* na vida pública." [10]

O espelho mágico

O poeta e ensaísta alemão Hans Magnus Enzensberger, que veio ao Brasil em setembro de 85, para lançar livros e fazer uma série de

---

10 Roger-Gérard Schwartzenberg, ob. cit., p. 178.

conferências, afirmou em entrevista ao jornal *O Estado de São Paulo*, com a ousadia e a coragem que o caracterizam e que fazem dele um dos mais destacados críticos da Alemanha, que: "A televisão é terrorista na medida em que imobiliza as pessoas e domina todos os seus sentidos. Aliena. A idéia de que a TV, um dia, poderia democratizar o conhecimento foi apenas uma ilusão. O telejornal é o melhor exemplo dos seus limites de ação. Incoerentes, esses jornais televisivos não têm a intenção de informar, mas de vender qualquer coisa. Favorecem aquelas pessoas que querem saber sobre o novo tipo de sabão disponível no mercado." [11]

É inegável que a televisão — no nosso caso, especialmente a Rede Globo — modela maneiras de pensar, agir e sentir. Determina em alto grau o consumo de mercadorias. "Vende" imagens. Fabrica tanto heróis quanto vilões. Inventa celebridades. Faz da mediocridade o sucesso. Destrói quem quiser. Há limites, porém, para o "terrorismo" no sentido de que a televisão é o produto e reflexo da própria sociedade. Ampliando, exacerbando, acentuando a realidade, a televisão reflete e devolve a imagem recriada do que se passa entre os homens, só que em forma de sonho. É a humanidade que é banal e "terrorista" e não a televisão em si. Ela é apenas um gigantesco espelho mágico.

Enzensberger fala em alienação. O que é isso senão um mecanismo de projeção através do qual o indivíduo transfere para o ídolo o melhor de si próprio? Tudo o que ele gostaria de ser ou fazer é repassado para uma figura exterior cujas virtudes e excelências não encontra em si mesmo. O espelho mágico de fato projeta o que as pessoas gostariam de ser ou ter na vida real e que não podem. Então, sonham e se identificam com o que se passa através do vídeo. Empregadas domésticas, mulheres simples do povo, sobretudo as mais jovens, ficam fascinadas diante das artistas de novelas, que quase sempre representam o luxo e a ascensão social dos personagens que interpretam. Programas como os do apresentador Sílvio Santos, de cunho popularesco, onde a cafonice e o estardalhaço se misturam em espalhafatosos quadros de um grotesco calculado, divertem milhões de brasileiros, sobretudo os mais pobres que encontram nesse tipo de entretenimento sua identificação através de emo-

---

11 *O Estado de São Paulo*, 29/9/85, p. 41.

ções, banalidades, lugares-comuns, que lhes são familiares e ao mesmo tempo encantadores da forma como lhes são apresentados. Consomem o que a TV produz, e a produção é feita de acordo com o tipo de consumidores. E o que querem fundamentalmente esses consumidores da TV? Querem a alegria que os faça rir através de um humor trapalhão e, entremeada com o riso, importantíssimo, uma bem dosada carga de dramalhão que os faça chorar, pois a tragédia é indispensável, sobretudo para o pobre cuja vida é uma queixa só.

Espelho mágico a refletir emoções, sem nenhuma tendência para a razão, a lógica, o raciocínio, uma vez que na vida real não é isso que predomina entre as pessoas, na televisão tudo pode ser resumido na exclamação de um dos personagens de uma novela da Rede Globo que fez imenso sucesso na época em que foi levada: "O mito é mais forte do que a verdade."

Essa novela, Roque Santeiro, uma das obras-primas do dramaturgo Dias Gomes, e que demonstrou que nem tudo na TV é terrorismo, alcançou, no mês de setembro de 1985, 80% de audiência, somando 60 milhões de espectadores em todo o país. Misturando misticismo popular, política, malandragem, romance e sobrenatural, o grande sucesso da novela se deveu especialmente ao humor, segundo pesquisas da Globo.

"Ao rir de Asa Branca — cidadezinha fictícia do interior onde se passava a novela — o Brasil estava rindo de si mesmo", observou o ator José Wilker que fez o papel de Roque Santeiro. De fato, o povo riu como faz na vida real, e nunca o espelho mágico refletiu, através de uma novela com tanta graça, clareza e perfeição, as tramas, as malandragens e os jeitos brasileiros.

Se a grande maioria não teve consciência nítida da crítica implícita na obra de Dias Gomes, pelo menos identificou-se com situações e personagens. Durante muitas noites, o ator Lima Duarte, no papel de Sinhozinho Malta, despejou um riso meio chorado que enchia a tela, atravessava distâncias, atingia os lugares mais recônditos, fazendo milhões de brasileiros chorarem de rir numa só e imensa gargalhada nacional.

O povo se divertiu, incluindo os "oprimidos", talvez para o horror de certos grupos da esquerda brasileira, que prefeririam discutir temas mais sisudos com um proletariado menos risonho e mais revolucionariamente sério. Difícil empreitada. Nossos "desenraizados", nossa pobreza extrema, nosso lumpesinato, nosso operariado, têm uma imensa e constante capacidade de rir, inclusive diante dos acontecimentos mais desgraçados. Tudo se transforma em piada no doce e morno calor dos trópicos.

Sobre a exuberância hilariante do nosso povo, observe-se ainda que, no litoral, a pobreza é mais alegre que no interior. Praias de lindos mares, sob um céu quase sempre azul, convidam ao lazer e recebem, sem discriminação de classe ou de cor, farofeiros das mais variadas periferias. No Estado do Rio, para citar um exemplo marcante, belíssimas praias acolhem, especialmente, em finais de semana, gente pobre, que vindo de ônibus em grupos, dos mais longínquos subúrbios, fazem do sábado e do domingo uma grande festa ensolarada à beira-mar. Em contraste com sua penúria, esbanjam com grande abundância cachaça, pagode e risada. Sob o som do batuque, corre solto o humor popular quando o pagodeiro entoa: "Tudo que fala na terra põe Deus no meio. Deus já deve estar de saco cheio."

Sobre o tema, vale a pena lembrar a análise lúcida — e, portanto, rara em nosso meio diante de tantas inutilidades que são escritas — do escritor e jornalista Paulo Francis, quando este afirma em seu livro *O Brasil no mundo*:

> O humor popular é a contrapartida dos que não penetram na estratosférica superioridade das elites. Fala volumes que nunca foram sequer iniciados pelos intelectuais. Estes, de resto, e os políticos, adotam quase sempre de público uma linguagem arcana, que sabem impenetrável ao populacho e que é, consciente ou inconscientemente, para ser impenetrada pelos que não pertencem ao círculo mágico do poder. O povo reage com chacota, que é mais, no caso, do que defesa psicológica, é um comentário cuja seriedade pode ser desmentida, em caso de risco de represália, pela sua própria natureza como piada. É uma das nossas raras originalidades culturais. Os nacionalistas poderiam e talvez devessem exigir que fosse um dos monopólios com que sonham encasular a sociedade contra o estrangeiro.
>
> Este humor é a única manifestação de consciência revolucionária que conheço em nossa história. [12]

Sem dúvida, a capacidade que o brasileiro tem de transformar tudo em festa e piada é uma de nossas marcas culturais mais evi-

---

[12] Paulo Francis, *O Brasil no mundo*, Rio de Janeiro, Jorge Zahar Editor, 1985, p. 66.

dentes que não necessitou ser importada ou imitada de que outro povo fosse. Faz parte do nosso amálgama racial, de nossa malandragem, de nossas belezas naturais. E esse humor que pode ser uma maneira de sobreviver está também presente na maneira de fazer política. Assim, o espelho mágico retransmite da realidade o humor, a festa, a alegria. Transforma a verdade em mito, o fato em versão e a monotonia do cotidiano em fantasia. Interessa o sonho, interessa a mágica e também nesse sentido, e não apenas através do humor, políticos usam a TV. Se a persuasão e a manipulação das massas significam uma das artes mais importantes do poder, a televisão é hoje o "instrumento" que mais se presta ao manejo de tal arte quando bem utilizado. Junto com o rádio, pode se tornar uma das armas mais poderosas dos que desejam governar ou que já governam. Exemplo disso pode ficar por conta de alguns pronunciamentos em forma de alocuções, feitas pelo presidente José Sarney, em que o mesmo tentaria conquistar o apoio popular, já que não encontrava respaldo nem no ministério, escolhido anteriormente pelo falecido Tancredo Neves, nem nos partidos políticos, incluindo o próprio PMDB, do qual passara a fazer parte.

A fala do trono

Depois do pronunciamento à Nação, em cadeia de rádio e TV, feito no horário nobre das 20h30m, no dia 22 de julho de 1985, pelo presidente José Sarney, pode-se dizer que o Brasil ingressou na era industrial do espetáculo político ou da ilusão. A partir daí nos inserimos cada vez mais na "cultura do espetáculo" — tomando o termo emprestado a Schwartzenberg — onde, no jogo político, "o indivíduo tem a ilusão de estar participando quando é tão-somente um espectador". Melhor diríamos, um telespectador.

O anunciado e esperado discurso presidencial lembrou, de certa forma, Victor Hugo em *Les Rayons et les Ombres*:

Povos! Escutais o poeta!
Escutai o sonhador sagrado!
Em vossa noite, sem ele completa,
Sua fronte é a única iluminada.

Sem dúvida, o presidente nos brindou a todos com uma bela peça de retórica, digna da Academia Brasileira de Letras da qual faz parte. Disse-nos ele entre outras coisas:

> Uma nação se faz com políticos, historiadores e poetas. Políticos para lidarem com o presente, historiadores para pensarem o passado, mas poetas para que se possa sonhar com o futuro.

Enfatizando sua "origem", prometeu apoiar as Letras e as Artes:

> A cultura deve estar na mesa do planejador, como a economia. Nunca nossos artistas tiveram tantas responsabilidades.

Se agradou em cheio aos artistas, dos quais aliás vive rodeado em reuniões palacianas, sem dúvida, na ocasião cativou ou tentou cativar de forma especial, através de sua fala abrangente, duas das principais elites do poder, sem as quais não teria condições de governar: os empresários e a Igreja. De maneira geral, sensibilizou a massa ao apelar para a mais forte das ideologias, o nacionalismo, quando se referiu ao exercício da soberania e à dívida externa. Também deve ter comovido milhões de espectadores, alguns, quem sabe, até as lágrimas, ao declarar sua opção pelos pobres, sobretudo os do Nordeste, prometendo alimentação, habitação, saúde, assistência e educação. Foi irresistível para o coração latino-americano.

Ao final, levantando as mãos como quem reza o Pai-Nosso, num gesto simbólico religioso — e note-se que a religiosidade não pode faltar ao príncipe, como aconselhava Maquiavel —, o presidente exortou à união e acentuou o caráter etnocêntrico que todo o povo possui, "vendendo" ao mesmo tempo a mercadoria mais importante do sonho que é a esperança. Assim, rematou:

> Tenho a consciência de que sou o presidente de um grande país e de um grande povo.
>
> Juntos, levantemos as mãos para dizer adeus ao pessimismo.
>
> A hora é de coragem e fé.

Estava finalizado o *teleshow*. De parabéns estava a Globotec, empresa privada que produziu o programa, orçado em 250 milhões de cruzeiros — na época ainda era o cruzeiro a moeda e não o cruzado —, mas, dadas as reações, acabou se dispondo a fazer a produção graciosamente.

Inovando o gênero mais clássico das emissões de dirigentes políticos, a alocução, em que o líder monologa em geral sentado e dirigindo-se diretamente aos telespectadores, a Globotec utilizou técnicas de animação, como gráficos e imagens. O presidente apareceu ora sentado, ora de pé. O cenário foi a Biblioteca do Palácio da Alvorada, e, assim, o presidente Sarney teve como fundo uma magnífica estante de livros ricamente encadernados, sugerindo sua imensa cultura e sabedoria.

A Globotec cuidou de tudo: gestos, tom de voz, cenário, roupa e, como não poderia jamais faltar, da maquilagem. Como os artistas de cinema e de teatro, os *stars* do *show* político devem ser também cuidadosamente pintados. Sombra verde bem esfumaçada, base translúcida e pó, *blush* carregado, bigode muito puxado no tom caju, os maquiladores capricharam para que o presidente estivesse harmonicamente telegênico. Sem falarmos nos cabelos cuidadosamente seguros em laquê e o tom do terno e da gravata valorizando os matizes do rosto.

Mesmo assim, diriam alguns especialistas que faltou uma certa expressividade que flui espontaneamente dos treinados apresentadores dos telejornais da Rede Globo. Falta de prática do presidente ou pouca vocação teatral. Não importa. Isto podia ser aperfeiçoado com o tempo, pois no Planalto já se admitia na ocasião que o presidente deveria fazer outros pronunciamentos pela televisão, e pelo rádio. Sobre o último, teríamos mais adiante o já citado programa Conversa ao Pé do Rádio.

De qualquer forma, apesar das críticas feitas por alguns jornais, que convidam mais ao raciocínio e à razão, triunfou a indústria da ilusão. O povo gostou, conforme pesquisas feitas no Rio e em São Paulo, após o programa, as quais atestaram que 59% dos entrevistados melhoraram suas opiniões sobre o presidente José Sarney.

Se o discurso foi feito em cima de generalidades conhecidas, eivado de chavões, frases de efeito, efeitos emocionais, muito teórico e literário e pouco concreto, isso não teve a mínima importância. *A star is born* (nasce uma estrela), pois, como disse William Gavin, redator dos discursos do presidente Nixon, "o eleitor é fundamentalmente preguiçoso e em hipótese alguma se poderá esperar que ele faça o menor esforço para compreender o que lhe dizem. Raciocinar exige um grau elevado de disciplina e concentração; é mais fácil impressionar. O raciocínio repugna ao telespectador, ou então o agride, exige que ele concorde ou recuse; uma impressão, pelo contrário, pode envolvê-lo, solicitá-lo sem o colocar diante de uma exigência intelectual".[13]

Depois do sucesso de sua produzida alocução, restou ao presidente Sarney apenas rememorar o conselho da antropóloga Margaret Mead ao presidente Jimmy Carter: *"Style over substance! Style over substance!* (Mais estilo que substância)."

O presidente voltaria em outras ocasiões. Entre o *teleshow* produzido pela Globotec — quando ele brindou os brasileiros com um espetáculo rebuscadamente primoroso, um *politics business* — e a alocução seguinte, mais de três meses decorreram. Provavelmente essa distância deve ter sido cuidadosamente calculada pelos *media managers* do presidente, a fim de não provocar uma *overexposure* (superexposição), que pode produzir cansaço ou desilusão na opinião pública. Para deslumbrar ou emocionar, aparecimentos raros e cuidadosamente produzidos obtêm mais efeitos através dos meios de comunicação audiovisuais, pois mantêm o discreto charme do mistério e da distância, elementos importantes do poder. Como disse De Gaulle, "o prestígio não pode dispensar o mistério, pois costuma-se reverenciar muito pouco o que se conhece demais".

As técnicas empregadas nas duas apresentações foram diferentes. Na segunda aparição, também em cadeia de rádio e televisão, o presidente pareceu mais espontâneo, sincero, convincente, compensando o artificialismo da primeira.

A aparente simplicidade não foi, porém, menos trabalhosa ou trabalhada pelos *media managers* presidenciais. Eles devem ter aprendido com Marshall McLuhan que o "meio é a mensagem". Isso quer dizer que importa menos o "conteúdo" e mais o "meio" pelo qual é transmitido o "conteúdo". A televisão é um meio "frio" que penetra na quietude dos lares. Recomenda McLuhan, não "aquecer o *medium* frio". Discursos muito inflamados, insultos, gestos exagerados não calham muito bem na televisão, pois agridem o sossego das salas de visita. O tipo de oratória mais brutal pode entreter as

---

13 Ver Roger-Gérard Schwartzenberg, ob. cit., p. 205.

camadas mais baixas da população, mas dificilmente agrada as mais altas que preferem maneiras menos intimistas ou violentas nos discursos via TV. O tribuno alucinado e escandaloso, que em geral faz o papel de herói das massas, pode agradar em cheio à classe mais pobre, mas desagrada às elites ou mesmo às classes médias que se sentem incomodadas no recesso calmo e familiar de seus lares.

O presidente Sarney tinha de se dirigir a todos os brasileiros, a todas as camadas sociais. Sem aquecer o "*medium* frio", falando com tranqüilidade e comedimento, conseguiu o extraordinário feito de se afirmar num sentido ao mesmo tempo paternalista e heróico. Pedindo aos brasileiros que se pusessem em seu lugar — coisa de agradar por demais, pela intimidade da interposição, e que deve ter deixado o homem mais simples muito lisonjeado — o presidente reforçou bastante seu "eu" e tentou demonstrar feitos notáveis de seu governo dentro de uma linha salvacionista.

Ao lado da postura redentora, o presidente Sarney apresentou de novo uma mensagem de otimismo e esbanjou esperança. Iniciou sua fala anunciando "boas notícias" e encerrou deixando no ar um quadro contrastantemente eufórico com a real situação de milhões de brasileiros, que nem por isso deixaram de ouvi-lo embevecidamente.

Disse S. Exa. de suas intenções de aplicar toda a sua capacidade, de se esforçar ao máximo, de buscar suas reservas de fé, de obstinação e de sonho. Novamente, havia alguma coisa naquela fala que lembrava os imperadores: a grandiloqüência de D. Pedro I dirigindo-se ao povo e prometendo mundos e fundos quando da instalação da Assembléia Nacional Constituinte — naquela ocasião ele falou "deste Império que será o assombro do mundo novo e velho" —, e a mania literária de D. Pedro II, comum ao Imperador e ao presidente Sarney.

Em todo caso, a mensagem presidencial reboou convincente, e o otimismo exagerado, reconfortante, para aqueles que S. Exa. chamou de seu "segredo", de sua "força": o apoio do povo. Realmente, na ocasião, o dito apoio foi estimado, segundo cálculos governamentais, em 85% da opinião pública favoráveis ao presidente depois da sua alocução. Estava funcionando, através de um meio de comunicação de massa como a televisão, um poderoso instrumento de persuasão ao dispor dos "princípes" modernos, capaz de misturar realidade e fantasia.

O presidente Sarney foi visto e ouvido em todos os recantos, em todos os confins pátrios, pela imensa maioria dos brasileiros. E seria enganoso supor que o indivíduo classificado nas estatísticas como pertencente à categoria da pobreza extrema, analfabeto, e que desenvolveu apenas a força física em detrimento da mental, dadas as suas condições de vida, tenha desligado seu rádio de pilha, ou se afastado de uma tela de TV. Isso seria uma atitude mais adequada, por exemplo, ao jovem de classe média, que cursa uma universidade e possui tendências em moda como ser de esquerda. O homem extremamente pobre, mesmo estando longe de entender completamente a fala presidencial, quedou fascinado diante da imagem que ele sabia personalizar o poder mais alto da nação. Curioso e um tanto desconfiado, o "desenraizado" tentou mais uma vez o refúgio na ilusão e se apegou à esperança de que aquele senhor tão poderoso, que em outra ocasião dissera ter feito a opção pelos pobres, ali estivesse para realmente resolver seus problemas.

Como disse Karl Deutsch: "as pessoas desejam uma harmonia cognitiva, a fim de que seu mundo tenha sentido e venha a se constituir num todo compreensível e controlável, ou pelo menos tolerável. Na busca dessa harmonia cognitiva, suprimem ou rejeitam informações que não se enquadram no tipo de imagem que fazem do mundo; ou, então, buscam, consciente ou inconscientemente, algum tipo de imagem simplista do mundo que lhes parecerá clara, inteligível e coerente, e que as livrará do sentimento de desorientação, frustração e ansiedade".

Não há dúvida que o espelho mágico é capaz de "produzir" a harmonia cognitiva tão desejada pelas pessoas, incluindo as mais pobres. E o faz através de vários espetáculos, entre os quais os encenados pelos políticos. Mas, até que ponto, o "terrorismo", de que fala Enzensberger, funciona na TV, relevando-se aqui os *shows* encenados pelo poder no sentido de persuadir ou manipular?

O presidente Sarney haveria de aparecer nos vídeos em outras ocasiões. Uma delas foi às vésperas da instalação do Congresso Constituinte. No seu pronunciamento em cadeia de rádio e TV, insistiu nos seguintes aspectos: "que o governo restaurou o direito de cidadania, elegeu a pobreza como prioridade e não teve medo de desagradar aos mais afortunados. Acrescentou que desde a independência do Brasil nunca houve tanta participação e legitimidade na elaboração de uma Constituição, argumentando que setenta milhões de eleitores elegeram os constituintes. Finalmente, o presidente expressou seus votos de que seja elaborada a melhor Constituição possível."[14]

Dessa feita, foi mínima a repercussão da mensagem presidencial. As esperanças e ilusões do Plano Cruzado haviam se transformado em frustração. Quanto à Constituição, uma pesquisa realizada pela DataFolha, planejada pelo sociólogo Reginaldo Prandi, docente do Departamento de Ciências Sociais da Universidade de São Paulo (USP), e realizada sob a direção do sociólogo Antonio Manuel Teixeira Mendes, era publicada no jornal *Folha de São Paulo*. Entre outras conclusões a que chegou a pesquisa, estavam as seguintes:

> Os paulistanos estão pouco otimistas com a futura Constituição do Brasil. Quase metade (48%) dos moradores da capital paulista não acredita que a nova Carta irá melhorar sua vida e 41% duvidam que irá melhorar a vida do país.
>
> Das 1.039 pessoas que foram ouvidas, 71% demonstraram não saber qual a função básica do Congresso Constituinte. Do total de entrevistados, 60% afirmaram não saber o que é o Congresso Constituinte. Outros 11%, embora afirmassem saber, deram respostas incorretas.
>
> A falta de envolvimento com o assunto acompanha a falta de informação. Inquiridos a dar alguma sugestão para a nova Carta, 43% dos entrevistados afirmaram não ter nenhuma ou não souberam responder. Entre as sugestões apresentadas, a que recebeu maior número de respostas foi "garantia de melhores salários" (11%). Destacam-se ainda "melhor distribuição de renda/justiça social" (8%), "baratear a alimentação" (7%) e "garantir o cumprimento das leis, da justiça (6%).[15]

O "terrorismo" dos meios de comunicação encontrava assim seus limites, na medida em que o governo ia perdendo sua credibilidade perante o povo e que a classe política era vista com cada vez mais desconfiança. No início, a imagem do presidente Sarney, cuidadosamente trabalhada na TV, haveria de satisfazer as teorias de Enzensberger, pelo menos aparentemente. Com a morte de Tancredo Neves — por sinal, tendo sido televisionada toda a longa e dolorosa agonia que precedeu o desenlace — o espetáculo político correu risco pela perda do "ator" principal. Recomposto, o *show*

---

14 *Folha de São Paulo,* 1.º caderno, Política, A-14, 1/2/87.
15 *Folha de São Paulo,* 1.º caderno, Política, A-10, 1/2/87.

continuou sob aplausos. O presidente José Sarney, de coadjuvante, passou a estrela. Fez pronunciamentos à nação e apareceu despachando com ministros. Foi televisionado subindo a rampa do Palácio do Planalto acompanhado dos netinhos, enquanto sua mãe, sogra e irmã o observavam tão deslumbradas quanto o grupo que tirava fotos do presidente e da Guarda dos Dragões da Independência, ou os milhões de telespectadores comovidos diante de cena tão familiarmente tocante e ao mesmo tempo tão esplendorosa. Malgrado, porém, a força manipuladora do espelho mágico e as encenações do presidente Sarney no rádio e na TV, a realidade prossegue difícil com sinais evidentes de recessão. Em vão, os vários planos econômicos e trocas de ministros. A inflação disparou. Os salários foram arrochados, o desemprego ronda, as greves se sucedem. As ruas das cidades brasileiras continuam cada vez mais cheias de mendigos, de menores abandonados, de camelôs, de assaltantes, de miseráveis. Olha-se o povo nas ruas e vê-se uma gente mal alimentada, mal vestida, maltratada. Se não houver providências capazes de melhorar concretamente a vida da maioria dos brasileiros, não haverá Globotec que consiga manter o prestígio presidencial.

Entrementes, as pessoas continuam buscando suas "harmonias cognitivas". O fazem através do misticismo, da festa, da política, do rádio e da televisão. Os romanos já recomendavam para a plebe pão e circo. No nosso caso, só o circo vem mantendo a estabilidade das instituições. Desconfiada, a massa espreita seus governantes, seus representantes eleitos através de votação direta, enquanto continua a busca do salvador, do pai, do redentor capaz de dar os confortos e benefícios que todos almejam, e que devem ser como graças obtidas através da bondade desse protetor, e jamais conquistados pelo esforço metódico ou pelo trabalho. Nessa esperança, o povo observa nas campanhas eleitorais, através dos aparelhos de TV, a "mercadoria" política que lhe é apresentada.

TV à moda de Nhá Barbina

A televisão pode ser uma faca de dois gumes para aspirantes ou detentores do poder, e os especialistas do *marketing* político sabem que não podem garantir a vitória de nenhum candidato se ele não tiver a mínima inclinação para representar a arte política nos palcos iluminados dos estúdios de TV. É sintomático, por exemplo, o fato de Jânio Quadros ter ganho em 1985 a Prefeitura de São Paulo apesar de não ter comparecido a nenhum dos debates que os outros candidatos fizeram na televisão. Nesse caso, ganhou não quem foi à TV, mas justamente quem não foi. Contra o "homem da vassoura", odiado pelos que ainda não se conformavam com sua renúncia em 1961 como presidente da República, de nada valeram o charme, a elegância, o porte físico desempenado, a máquina partidária de seu mais sério concorrente, Fernando Henrique Cardoso do PMDB.

Gilberto de Mello Kujawski, que, se utilizando da teoria de Carl Gustav Jung, comparou como já foi citado neste trabalho, Jânio Quadros ao tipo feiticeiro, ou seja, "um médium do inconsciente coletivo tribal ou nacional, que não é forte em si mesmo, mas em razão do poder que as pessoas projetam nele", atribuiu a Fernando Henrique Cardoso o tipo cacique, "que, sempre mais enérgico que seus competidores, tem sua força sediada nele mesmo, em sua própria organização psicofísica". Pois bem, o "cacique", tido pelo "feiticeiro" como aprendiz de política, cometeu uma série de erros fatais na sua campanha, inclusive na TV, diante da massa de telespectadores, quando hesitou ao responder a uma pergunta sobre sua crença em Deus. Esse sério tropeço bastou para que o candidato fosse estigmatizado como ateu. Na eleição de 86, quando se candidatou à reeleição pelo PMDB paulista e venceu, o senador Fernando Henrique Cardoso teve o cuidado de apresentar uma imagem em que se reconciliava com Deus. Sobre o assunto, uma reportagem da *Folha de São Paulo* registrou:

> Não apenas com palavras, mas com atos, Fernando Henrique Cardoso procura dissipar a pecha de "ateu", e já apresenta sua nova imagem nos programas eleitorais gratuitos na televisão e no rádio. No começo da semana passada, Cardoso mostrou na TV um filme em que recebia um brasão da cidade de Aparecida (SP), das mãos do prefeito local, o peemedebista Antônio Márcio de Siqueira. Sede da basílica nacional de Nossa Senhora Aparecida, a "Padroeira do Brasil", a cidade é o maior centro de romarias do país.
>
> A pedido do prefeito, Cardoso obteve do ministro da Cultura, Celso Furtado, promessa de apoio à criação, em Aparecida, do Parque Ecológico do Peregrino, e recebeu o brasão em sinal de "agradecimento". No mesmo dia, o senador ganhou de presente uma imagem de Nossa Senhora Aparecida, devidamente benzida pelo arcebispo local, D. Geraldo Penido, um dos mais "conservadores" do clero católico brasileiro.

Num encontro ameno, Cardoso chegou até a rezar — em latim — um "Pai-Nosso", ao lado do arcebispo.[16]

Em 85, o senador Cardoso, sem dúvida, ou não lera Maquiavel, ou não soubera pôr em prática o que o mestre florentino analisara em *O príncipe,* e que vem sendo utilizado há séculos por detentores do poder de todas as espécies, que, mesmo sem conhecer a obra do criador da Ciência Política, intuitivamente comportam-se segundo os ensinamentos do capítulo XVIII:

> Deve o príncipe ter muito cuidado para que suas palavras nunca deixem de refletir as cinco qualidades acima indicadas, de forma que quem o veja e ouça pense ser todo ele piedade, fé, integridade, humanidade e religião. Nada mais necessário do que a aparência da religiosidade, já que de modo geral os homens julgam mais com os olhos do que com o tato: todos podem ver, mas poucos são capazes de sentir. Todos vêem nossa aparência, poucos sentem o que realmente somos e estes poucos não ousarão opor-se à maioria que tenha a majestade do Estado a defendê-la — na conduta dos homens, especialmente dos príncipes, da qual não há recurso, os fins justificam os meios. (Maquiavel, *O príncipe.*)

Ainda com relação aos candidatos à prefeitura de São Paulo, em 85, Kujawski classificou, segundo Jung, Adhemar de Barros Filho, dizendo que: "não é cacique, mas só filho de cacique, o velho e impositivo Adhemar de Barros". Quanto a Eduardo Matarazzo Suplicy, "pobrezinho, não é cacique nem feiticeiro, mas um curumim infectado pela doença infantil do esquerdismo". Na verdade, nenhum desses conseguiu ser o médium do inconsciente coletivo tribal. Com crucifixos de ouro no pescoço, o "feiticeiro" Jânio, longe dos debates da TV, arrebatava a massa com seus trejeitos e esgares, com sua linguagem incompreensível para a grande maioria, com sua *performance* impecável de ator político.

Isso não quer dizer que a televisão não seja hoje o instrumento político mais importante para quem deseja alcançar o poder. O problema é saber como usá-la em sintonia com um eleitorado composto na sua maioria pela pobreza extrema e, ao mesmo tempo,

---

16 *Folha de São Paulo,* 2/11/86, p. 9

conseguir agradar segmentos sociais mais elevados. Por sua vez, quando o tempo de uma campanha eleitoral é curto, como a de 1986 que se resolveu em apenas 100 dias, só a televisão pode alcançar milhões de eleitores simultaneamente em tão breve espaço de dias.

O curto tempo, e a possibilidade de usar a TV como instrumento eleitoral, desencadearam em 86 uma verdadeira corrida entre os candidatos dos vários partidos por um espaço de vídeo. Antes mesmo de 14 de setembro quando a Lei Eleitoral permitiu duas horas diárias de propaganda política, e cada partido tinha seus minutos conforme a proporção do número de deputados que cada um possuísse no Congresso Nacional — o que deu enorme vantagem ao PMDB, levando candidatos de partidos menores a efetuarem coligações partidárias a fim de conseguirem mais alguns minutos no horário da propaganda gratuita —, alguns candidatos já obtinham meios de aparecer nos canais de TV, mostrando sua imagem aliada a programas populares de divertimento tão caros às massas. Para exemplificar, pode-se citar entre as inúmeras aparições político-eletrônicas, a que foi descrita pela revista *Veja* com relação aos candidatos ao governo do Estado de São Paulo:

> Cortejando as multidões que, nas urnas de 15 de novembro, irão escolher um deles para ocupar o Palácio dos Bandeirantes, os quatro candidatos ao governo de São Paulo reuniram-se num velho teatro no bairro de Santana, na capital. O deputado Paulo Maluf, do PDS, ganhou um beijo da veterana comediante Nhá Barbina e depois tocou um prelúdio de Chopin ao piano entre um número dançante do travesti Thelma Lip e as brincadeiras do humorista Ronnie Cócegas. O vice-governador Orestes Quércia, candidato do PMDB, confessou-se um marido ciumento e ouviu um coro de bailarinas chamá-lo de "lindo". Num clima de festa, o professor Eduardo Suplicy, candidato do PT, desembarcou no palco a bordo de um carro Monza vermelho e o empresário Antonio Ermírio de Moraes, do PTB, fez questão de animar as homenagens ao cantor Adriano, pela passagem de seu aniversário. Essas cenas, parte de uma gincana promovida pelo programa "Viva a Noite", do animador Gugu Liberato, da rede SBT, tinha exibição marcada para a noite de sábado para uma platéia de 3,5 milhões de telespectadores.[17]

---

[17] *Veja*, n.º 934, 30/7/86, p. 36.

Se essas manifestações assim descritas têm algo de grotesco ou de ridículo para platéias mais exigentes, pertencentes às classes mais altas, para a grande massa composta da pobreza, não só foram vistas como algo natural, como divertiram e entreteram as classes baixas acostumadas a esse tipo de lazer. Ao mesmo tempo, houve na encenação a simulação da pseudo-igualdade, tão cara aos mais humildes, e a encenação de um simulacro de democracia, quando senhores de tanto poder e riqueza aparentaram descer ao nível do eleitorado mais simples. Afinal, esse eleitorado já é no Brasil a maioria, capaz de consagrar nas urnas aqueles que compuserem uma harmonia cognitiva que se adeque a esse imenso universo popular. Com imagens inadequadas e mensagens monótonas, os candidatos sabem que não conseguem se impor. Nas eleições de 85, muitos dos aspirantes às prefeituras das capitais levaram milhões de telespectadores a desligar seus aparelhos de TV no horário da propaganda gratuita. No Rio de Janeiro, por exemplo, os índices do IBOPE registraram um aumento de 30% no número de aparelhos desligados durante a campanha.

O conhecimento desse tipo de fato assusta muitos candidatos. Nervosos, sem saber manejar a mais poderosa arma da moderna política, eles buscam professores de dicção, ou as empresas que se dedicam a treinar debatedores.

Além da imagem, da aparência, que é fundamental, também o discurso do candidato deve tender a um profissionalismo que não permite erros. Se ele não for o "feiticeiro" que fascina mesmo sem ser compreendido através do conteúdo de sua fala, pelo menos deve tentar se comunicar com o telespectador de forma mais ou menos compreensível, a fim de que suas palavras ajudem a compor sua imagem.

Um "cacique" ou "aprendiz de cacique" que utiliza um discurso mais apropriado para as elites ou exorbite, em termos por demais pernósticos, corre o risco de ficar falando sozinho. Sem a grandiloqüência dos gestos, o fulgor dos olhos, os trejeitos próprios do grande ator político, o estreante inexperiente ou iniciante deve cuidar para que sua pregação seja suficientemente compreensível e adequada às necessidades mais imediatas do seu eleitorado, a fim de conseguir romper a monotonia de uma *performance* pouco brilhante, ou incapaz de atingir as emoções da platéia.

A mesma matéria da revista *Veja* que descreveu as peripécias dos candidatos ao governo de São Paulo em 86 citou também uma pesquisa de agências publicitárias da Bahia, que apontava no sentido da dificuldade da comunicação através da linguagem. A pesquisa demonstrou que a palavra "oligarquia", obrigatória nos discursos parlamentares de esquerda, servindo para designar a preponderância de uma facção na direção dos negócios públicos, quer dizer outra coisa no dicionário do eleitorado — que pensa tratar-se de um tipo de remédio. Também se descobriu, na mesma pesquisa, que o termo "arbítrio", caro aos liberais que atravessaram duas décadas opondo-se ao regime dos generais, seria "alguma coisa ligada ao futebol".

Na difícil conquista do eleitorado através do horário gratuito na TV, ficaram evidentes, por parte da maioria dos postulantes aos cargos públicos, o improviso, o despreparo e o exagero, bem distantes das *performances* dos "feiticeiros" que conseguem transformar o grotesco ou o exagerado em carisma, que quer dizer, no caso, em votos. Na tentativa de apelar para as emoções, de manobrar com êxito a maior arma política à sua disposição, a "mercadoria política" mostrada pela TV era, de maneira geral, uma demonstração visível do acentuado grau de subdesenvolvimento político que existe no Brasil.

Na *Folha de São Paulo,* de 21 de setembro de 1986, uma reportagem mostrava que a maior atração no horário gratuito da TV era o insólito. Entre outros absurdos colecionados pelos repórteres estavam os seguintes:

> Se promessa absurda queimasse transistor de aparelhos de TV, em Goiânia, o telespectador estaria com amplos prejuízos. Mauro Borges, candidato a governador pelo PDC, prometeu "um bom emprego para cada pessoa".
>
> Exageros são eleitoralmente admissíveis. Mas também não precisa exagerar, como em Goiânia, Ary Ribeiro Valadão, candidato a deputado federal pelo PDS. Comentando as seqüelas deixadas pela demissão de quarenta mil funcionários públicos pelo atual governo do Estado, afirmou que uma parte havia se suicidado, a outra morrera de enfarte e o restante estava internado em clínicas de repouso.
>
> No exagero poético, a taça fica para Manaus (AM), com Plínio Coelho, candidato a deputado federal pelo PTB. Referiu-se essa semana ao Amazonas como "ressurrecto, a fulgir no rebrilhar das fulgurações solares".

Nada, porém, como Jayme Vieira, no Rio, candidato a deputado federal pelo PDS: "O cruzado poderá valer mais que o dólar", disse ele, como se em contraponto com outro político de seu Estado, Antônio Pedreira, candidato ao Senado pelo PPB, que de tão entusiasta da reforma econômica, conclamou seus eleitores para uma missa de ação de graças na Candelária, centro da cidade, para abençoar o presidente Sarney.

Deus, por falar nisso, é um bom cabo eleitoral em horário gratuito pela TV. Com a mídia à disposição é melhor ainda. "Eu sou o candidato de Deus. Foi ele quem mandou que eu me candidatasse", afirmou, em Fortaleza, Francisco Aires Quintela, candidato a governador pelo PSC.

"Quero saudar esse brioso povo acreano, em cujos lares estou adentrando, partilhando com o Deus todo-poderoso o dom da onipresença", afirmou com certa modéstia em Rio Branco (AC) Omar Sabino, deputado federal pelo PDS e candidato à reeleição.[18]

Do insólito ao ridículo, do exagero ao grotesco, alguns candidatos souberam utilizar a TV para seus propósitos eleitorais e se saíram bem nas urnas, mas, para muitos, de nada adiantou a força da comunicação posta à sua disposição através do espelho mágico. É que a popularidade a ser alcançada pela televisão demanda um trabalho de imagem, onde se fundem vários componentes. Uns são obtidos através de rigoroso trabalho técnico de aprimoramento de dicção, gestual, maquilagem, vestuário, etc., que compõem, por assim dizer, a "máscara" de alguém como um ator. Outros componentes se obtêm trabalhando as emoções do público de forma a conseguir configurar de forma mais ou menos consensual, ou seja, de acordo com a grande maioria, uma harmonia cognitiva, emprestando mais sonho, leveza ou sentimento de desforra ao cotidiano das pessoas. De qualquer forma, atingir os sentidos e as emoções dos indivíduos é tarefa para profissionais do vídeo ou para "feiticeiros".

Nas eleições de 86, alguns jornalistas que trabalhavam ou trabalham nas principais redes de televisão do país, e que tendo se candidatado a deputado federal, foram dos mais votados em todo o Brasil; devendo sua popularidade a uma boa imagem e ao profissionalismo, demonstraram que se a TV em si pouco ou nada adianta para os que ambicionam o poder, usada de forma adequada, como fábrica de sonhos e ilusões, converte-se, realmente, no mais

---

18 *Folha de São Paulo,* 21/9/86, 1.º caderno, p. 9.

eficaz instrumento político de conquista de votos da atualidade. Entre os casos mais significativos em que o peso da TV influiu positivamente para comunicadores que, além de jornalistas, têm algo de artistas por sua boa imagem, estão os de: Antonio Britto, comentarista político da Rede Globo, o mais votado no Rio Grande do Sul, com 305 mil votos, concorrendo pelo PMDB. Hélio Costa, ex-repórter da Globo, visto durante quatorze anos aos domingos no programa "Fantástico", de grande audiência, apresentando reportagens realizadas nos Estados Unidos, e que foi o quarto deputado federal mais votado do PMDB de Minas Gerais, com 115.267 votos. Roberto D'Ávila, o segundo deputado mais votado pelo PDT do Rio de Janeiro, com 68.300 votos, trabalha na Rede Manchete, como entrevistador de políticos e artistas, no programa "Conexão Internacional".

Dos três, pode-se afirmar, que além da bela imagem e do treino profissional, Antonio Britto foi o que a sorte mais favoreceu. Elementos aleatórios se somaram para que ele pudesse ser, em determinado momento, não apenas o porta-voz da Presidência da República, mas o próprio porta-voz das emoções nacionais. Sua ascensão junto à massa consolidou-se através de suas aparições na TV Globo, várias vezes por dia, anunciando, durante o período da doença de Tancredo Neves, os "boletins médicos" que, se supunha, descreviam o estado de saúde do presidente, e culminando com o mais dramático desses boletins, quando comunicou a morte que tanto abalou a nação. Assim, Antonio Britto acabou ligando sua já conhecida imagem de jornalista da Rede Globo à própria imagem carismática, secundada pela emoção e pela áurea de martírio, do presidente morto. Essa certeza naturalmente o animou a se lançar à conquista dos votos, mas, apesar de sua vitória estrondosa e de ser um profissional respeitado, não escapou de ser chamado de pára-quedista por políticos profissionais mais antigos.

Desde a década de 50, a televisão vem facilitando a carreira política de muitos comunicadores, inclusive homens de rádio que se transferiram para a TV. Foi o caso de Blota Júnior, que, tendo iniciado sua carreira na Rádio Record em 1943, passou depois para a televisão. Foi deputado estadual de 1955 a 1971, secretário de Turismo do Estado de São Paulo entre 71 e 75 e deputado federal de 1975 a 1979. Mas até que ponto os profissionais das comunicações eletrônicas são lideranças políticas ou apenas campeões de popularidade? A verdade é que, se lideranças políticas, sobretudo as do tipo "feiticeiro", podem se consolidar diante da massa e obter poder de uma forma muito mais impressionante, utilizando-se dos modernos palanques eletrônicos, em compensação, campeões de popularidade só subsistem através de "aparições" constantes e profissionalmente trabalhadas no rádio e na televisão. Fora desses meios de comunicação, os que são apenas profissionais de bela voz e bela imagem desaparecem como medíocres políticos, sem maior expressão, nas várias estâncias do poder que venham a ocupar graças à popularidade conquistada nos *mass media.*

Mas o que é uma liderança política no nosso país? Será o grande estadista do tipo Getúlio Vargas ou Juscelino Kubitschek, nossos maiores governantes, eternizados na memória popular? Ou um Jânio Quadros, com sua oratória hermética, porém capaz de captar e dominar o inconsciente do psiquismo tribal? Ou mesmo Tancredo Neves, integrado na emoção do povo através da tragédia e do martírio? Sem dúvida, os exemplos citados são de "heróis", pais da pátria, "salvadores", atores carismáticos do espetáculo político. Encarnam forças maiores e por isso são exceções. O comum, entretanto, do que se entende como liderança política em nosso país só pode estar hoje de acordo com a maioria votante. É sabido que o líder é produto de seu grupo, de seu meio. Dessa forma, os selecionados nas urnas, a não ser por um extraordinário carisma que possa transcender as classes sociais, advirão cada vez mais da escolha da maioria, ou seja, das classes mais pobres. Mercadejando esperança, atores bregas, *führers* subdesenvolvidos, praticando assistência social por serem vazios de programas partidários ou de ideologias, eles se apoiarão cada vez mais no rádio e na televisão, a fim de transmitirem seus *shows* circenses. Em programas de acordo com o nível de seus eleitores, cultivarão seu personalismo e se transformarão, cada vez mais, em atores de espetáculo de massas. Nisso se resumirá sua "política" e sua "liderança política". Deverão aperfeiçoar e dar continuidade às suas *perfomances* das eleições de 1986. Nessas, o que se viu com mais evidência, foi o baixo nível das campanhas em todo o Brasil, incluindo São Paulo, o estado mais importante da federação. Os debates na televisão, promovidos entre candidatos que se basearam mais em acusações recíprocas, em xingatórios, em intrigas de cunho pessoal, foram, além do espetáculo monótono, quando não hilariante dos programas eleitorais gratuitos, o atestado de nossa indigência partidária, de nossa carência de lideranças políticas capazes, da inexistência de ideologias representativas dos diversos interesses da sociedade civil, do nosso subdesenvolvimento político, enfim. O espelho mágico refletiu a sociedade e devolveu-lhe uma imagem ampliada, misturando realidade e fantasia e, ao mesmo tempo, reproduzindo a mediocridade do cotidiano de que é feita a vida da imensa maioria das pessoas.

Para citar alguns poucos exemplos em que candidatos partiram para denegrir a imagem dos seus adversários na TV, recorde-se aqui o que publicava o *Jornal da Tarde* de 12 de novembro de 1986. Num artigo para o *New York Times,* o jornalista americano Catesby Leigh assim comentava o baixo nível das acusações entre os candidatos:

> No Rio de Janeiro, um candidato conservador ao governo do Estado acusa um adversário esquerdista de ser viciado em drogas. No Estado de Minas Gerais, um caso ocorrido há uma década envolvendo o suposto estupro de uma garota de 13 anos por um dos dois principais candidatos ao governo estadual volta à tona no auge da campanha.
>
> No pobre Estado nordestino de Pernambuco, um jovem empresário e candidato ao governo estadual, perdendo para um antigo político populista nas pesquisas de opinião, abandona as questões políticas e parte para a religião, acusando o seu adversário de ser um ateu.
>
> A lama e as acusações voam de um lado para outro na medida em que se aproxima o dia 15 de novembro. Nesse dia, quase 70 milhões de brasileiros terão de votar em eleições para a escolha dos novos governadores para os 23 estados do país, bem como para os senadores e deputados federais encarregados de elaborarem uma constituição. (*O articulista esqueceu-se de mencionar que se elegiam também os deputados estaduais.*)
>
> As eleições representam uma prova decisiva na transição deste país para a democracia após duas décadas de governos militares. Mas o significado de uma nova constituição (será a oitava na história brasileira) está sendo perdido na confusão das campanhas, segundo a opinião de muitos comentaristas locais.
>
> "Nem uma única questão importante foi discutida durante a campanha; se foi, eu sou cego e surdo", disse Geraldo Forbes, um financista, advogado e ocasional comentarista da imprensa.[19]

[19] *Jornal da Tarde,* 12/11/86, p. 11.

É possível que o jornalista americano, que, juntamente com outros comentaristas brasileiros, observou a "confusão das campanhas", não soubesse que essa é uma longa estória, ligada à própria história do Brasil. A Lei Saraiva de 1881, que aboliu as eleições indiretas em dois graus, foi precedida de longas discussões, e de vários projetos de lei sobre assuntos eleitorais desde 1860. Na opinião dos que se manifestavam naquela época, através de pareceres de comissões de câmaras ou da imprensa, a favor da mudança do regime eleitoral para eleições diretas, transparecia a insatisfação de muitos homens públicos com a situação política vigente. Na esperança de que a mudança na legislação eleitoral do Império viesse a modificar a situação política em que predominavam as fraudes, a violência, a manipulação, vozes de políticos liberais se levantavam para clamar contra os abusos existentes, e nessas manifestações, muitas vezes, residem verdadeiras análises ou descrições de um período, que, guardadas as devidas proporções, ainda se repetem em seus traços fundamentais de forma quase que monótona nos dias de hoje. Nesse sentido, é significativo o pensamento de Tavares Bastos. Ao se referir ao alcance da reforma eleitoral, assim se expressou, depois de tecer veementes críticas ao processo eleitoral no sentido de sua farsa e manipulação:

> Por esse enfraquecimento do espírito público, por essa indiferença geral, por essa abstenção crônica, nossas instituições corromperam-se, transformaram-se; de governo representativo passamos a ter governo pessoal do Imperante; e esta mudança da forma de governo operou-se lentamente, logicamente, digamos assim, e se está consumando sem outro embaraço mais que os impotentes protestos de uma oposição, que debalde apelará para o povo excluído de votar e indiferente aos negócios públicos.
>
> Por isso mesmo, igualmente, a decadência das altas corporações do Estado, do parlamento, do ministério, de dia em dia se faz sentir ainda mais. A política está quase interdita aos cidadãos de mérito, aos homens de bem. A vida pública não é mais o estádio de honra e de glória, aberto às nobres ambições; é mercância de grosso trato.[20]

É de se perguntar se a vida pública brasileira tenha sido em alguma época, no Brasil, "um estádio de honra e de glória, aberto

---

20 Citado por Vicente Barretto, *in Curso de introdução ao pensamento político brasileiro,* Brasília, Editora Universidade de Brasília, 1982, p. 75.

às nobres ambições". Se as respostas dos leitores podem variar, pelo menos uma coisa parece evidente: nos dias de hoje, a política continua sendo "mercância de grosso trato". Tavares Bastos tinha consciência de que "de todos esses males não os curaria, certamente, a simples supressão do primeiro grau da eleição", mas, acrescentava. "removeria grande parte deles, atenuando os restantes". Em seguida, indagava, "em contato com o país real, diante da nação, não cresceriam os brios do deputado, o sentimento da responsabilidade, o estímulo para o bem público?"[21] Também, ao que tudo indica, e de maneira geral, isso não aconteceu. E são os fatos que o demonstram.

É um costume antigo, no nosso país, apelar-se para soluções institucionais na tentativa ou na simulação de tentativas que soariam como soluções mágicas da resolução de nossos problemas políticos e sociais. "Diretas já", parlamentarismo, Constituição... Na televisão e no rádio, o *show* político vai tendo continuidade. Constituintes eleitos simulam trabalhar para o bem público, enquanto o país se debate em profunda crise econômica. Trocam-se ministros para satisfazer as ânsias de poder do PMDB e não as necessidades do povo. Este, na frustração do sonho que foi o Plano Cruzado, espia desconfiado. Aos poucos vai percebendo que, mesmo votando, está excluído do poder que simula democracia mas mantém a antiga tradição autoritária. Em breve, haverá a troca do presidente, mas o poder continuará do "Imperante", hoje não mais um Imperador, mas uma cúpula partidária, uma oligarquia, uma "elite do poder", muito semelhante a todas as que a antecederam. A massa observa. Espera. Anseia pelo "salvador". Alguns se transvestem de "salvadores". Greves, invasões de terras no campo e de terrenos públicos ou particulares nas cidades são estimuladas. Os invasores são os "sem-terra", os "sem-casa", os "oprimidos", a pobreza extrema; para os quais "soluções" são "ofertadas" pelas oposições de "esquerda", sem que nada seja solucionado realmente. Na verdade, os "salvadores" de todas as espécies, partidos e graus de carisma precisam mantê-los assim — pobres. Pouco a pouco, vai-se de um simulacro de democracia para a anarquia, propícia aos demagogos e depois aos

---

21 Vicente Barretto, ob. cit., p. 76.

ditadores. Tudo é retransmitido pelo rádio e pela televisão e revestido de festividade. No Império não havia a Rede Globo, esta pode ser a diferença mais marcante. No mais, "mercância de grosso trato", malandra, malandríssima, como sempre foi, mas, agora, em cadeia nacional de rádio e televisão.

capítulo VI

Letrados e Iletrados: uma Questão de Esperteza

É mais fácil governar um povo ignorante.

GUNNAR MYRDAL

A escola da malandragem

A falta de instrução intimamente relacionada às carências de todas as espécies que compõem a situação de pobreza, especialmente da pobreza extrema, sempre foi encarada pela sociedade como um obstáculo à participação política daqueles que, não possuindo nenhum grau de escolaridade, seriam considerados incapacitados por ignorância a participar da vida pública.

No Império, como já se viu no segundo capítulo, não havia uma proibição legal impedindo o voto do analfabeto. Era desnecessário. Na complicada eleição indireta de dois graus, o que contava basicamente era a renda, seguindo-se os critérios de sexo (masculino) e idade (25 anos). Isso significava a exclusão da maior parte da população composta por escravos, mestiços e brancos pobres do exercício da cidadania, uma vez que a maioria não participava da escolha política de seus representantes.

A Lei Saraiva de 1881, também chamada de Lei do Censo, apesar de ter abolido a eleição em dois graus e reduzido a idade mínima para 21 anos, manteve o critério de renda mínima, estipulada em 200 mil réis anuais.

É preciso, contudo, observar que a vontade dos imperadores capaz de manipulação política, e o jogo do poder da classe dirigente, dificilmente poderiam chegar ao conhecimento ou atingir a compreensão da larga base da população escrava, de tal forma esta era discriminada socialmente pelas funções que exercia e pela cor negra. Como disse Caio Prado Júnior a respeito do escravo: "Nada mais se queria dele, e nada mais se pediu e obteve que a sua força bruta material." [1]

Se jamais foi dada ao escravo negro pelo senhor branco português alguma chance de qualquer tipo de participação, por mínima que fosse, dentro da estrutura política e social vigente, por sua vez, o escravo, corrompido em sua cultura de origem, apresentando baixíssimos níveis de produção, chocando observadores estrangeiros e nacionais pela sua ineficiência no trabalho e relaxamento de costumes, limitava-se a uma adaptação ao sistema que ao mesmo tempo integrava suas maneiras de ser e comportar-se trazidas da África. Fundiu-se o sangue negro e branco, sincretizaram-se culturas a princípio tão díspares, para produzir nossa peculiar cultura da malandragem, do jeito, do humor, da festa.

Entre as duas categorias rigidamente determinadas na estratificação social, senhores e escravos, aqueles aos quais se referiu Couty como os que "nascem, vegetam e morrem sem ter quase servido à sua pátria". De fato, nas origens de nossa formação política, estaríamos longe daquelas "massas de eleitores sabendo pensar e votar, capazes de impor ao governo uma direção definida", de que também falava o observador francês.

Na sua obra *Os bestializados*, José Murilo de Carvalho, ao enfocar o Rio de Janeiro dos primeiros anos da República, afirma a respeito de Couty que: "Seu pessimismo preconceituoso ia ao ponto de achar que não seria possível formar tal massa de cidadãos com elementos nativos. Seria necessário buscar cidadãos na Europa através do incentivo à imigração." [2] Em seguida, acrescenta, depois de citar as observações de outros estrangeiros:

> Não há dúvida de que tais observações traduziam preconceitos de europeus em relação à população do país, inclusive preconceitos raciais.[3]

Carvalho mostrará também que a opinião sobre a apatia política do povo brasileiro pertencia, na época, não só a estrangeiros,

---

1 Caio Prado Júnior, *Formação do Brasil contemporâneo*, São Paulo, Editora Brasiliense, 1957, p. 270.

2 José Murilo de Carvalho, *Os bestializados — O Rio de Janeiro e a República que não foi*, São Paulo, Companhia das Letras, 1987, p. 67.

3 *Idem*, p. 67.

mas também a brasileiros, inclusive citando a propósito Aristides Lobo, inspirador do título do seu livro, segundo o qual, "o povo teria assistido 'bestializado' à proclamação da República, sem entender o que se passava".

Buscando redefinir o conceito de cidadania não limitado ao ato de votar, levantando a sugestiva idéia de que a participação do povo no Rio se fazia "fora dos canais oficiais, através de greves políticas, de arruaças, de quebra-quebras, ou mesmo através de movimentos de natureza quase revolucionária, como a Revolta da Vacina, mas na maior parte do tempo dedicava suas energias participativas e sua capacidade de organização a outras atividades, sendo que do governo queria principalmente que o deixasse em paz",[4] o autor de *Os bestializados* chega a interessantes conclusões, entre as quais aquela em que afirma que "a identidade coletiva da cidade" foi construída a partir da evolução de seus "nódulos de participação social, nos bairros, nas associações sociais, nas irmandades, nos grupos étnicos, nas igrejas, nas festas religiosas e profanas e mesmo nos cortiços e nas maltas de capoeiras. Foi o futebol, o samba e o carnaval que deram ao Rio de Janeiro uma comunidade de sentimentos, por cima e além das grandes diferenças sociais que sobreviveram e ainda sobrevivem".[5]

As interessantes visões que José Murilo de Carvalho dá do Rio de Janeiro, as interpretações contra o que poderia ser um preconceito estrangeiro, a acentuação de aspectos folclóricos como a "Pequena África da Saúde, formada por negros da Bahia, onde, sob a matriarcal proteção de Tia Ciata, se gestava o samba carioca e o moderno carnaval",[6] não impediram que de bestializados a bilontras, o autor chegasse a dizer no último parágrafo de seu livro:

> Mas, ainda hoje, tempo de Nova República, livre da tarefa de representar o país e tendo conquistado o direito de eleger seus governantes, a cidade não consegue transformar sua capacidade de participação comunitária em capacidade de participação cívica. A atitude popular perante o poder ainda oscila entre a indiferença, o pragmatismo fisiológico e a reação violenta. O conluio da ordem com a de-

---

4 *Idem*, p. 90.
5 *Idem*, p. 163.
6 *Idem*, p. 38.

sordem, da lei com a transgressão, outrora tipificado no uso de capoeiras nas eleições, continua em plena vigência, através do acordo tácito entre autoridades e banqueiros do jogo do bicho. A cidade, a República e a cidadania continuam dissociadas, quando muito perversamente entrelaçadas.[7]

De fato, em que pese uma certa modernização política, permanece, não só no Rio de Janeiro como em todo o Brasil, para além do samba, do humor e de certas organizações comunitárias, a espantosa massa pobre, carnavalesca, pagodeira, violenta, desconfiada e ao mesmo tempo fascinada com relação ao poder. É a maioria votante, pouco revolucionária, em busca de facilidades do pai Estado. Pobreza descendente da escravidão, exatamente como é, que resmunga contra os poderosos e ao mesmo tempo os legitima, buscando na política, através das facilidades encontradas nas campanhas eleitorais, da dentadura à cadeira de rodas e, que na essência da escolha através do voto, reencontra sua harmonia cognitiva personificada nas lideranças típicas de Terceiro Mundo. Mas que cidadãos são esses? Esses brasileiros, essa nossa gente, analfabeta, mas cuja esperteza, cuja malandragem, realmente quase sempre escapam aos mais argutos analistas estrangeiros que não entendem muito bem como que isso aqui funciona? Qual é a cidadania de um iletrado?

Voltando sempre à história, recordemos que com o advento da República o critério renda foi suprimido para fins eleitorais, o que não modificaria praticamente a composição do eleitorado, pois, através da Constituição de 1891, votariam os maiores de 21 anos, excluindo-se as mulheres, os mendigos, os analfabetos, as praças de pré (menos os alunos das escolas militares de ensino superior) e os religiosos sujeitos a voto de obediência que importasse renúncia da liberdade individual.

Se em 1900, numa população de 30.635.605 habitantes, o índice de alfabetização do país era de 25%, apenas o critério de alfabetização era suficiente para excluir 75% da população do exercício da escolha de seus representantes pelo voto direto.

A reforma eleitoral de 1932 manteve a exclusão dos mendigos, analfabetos, praças de pré e dos religiosos ligados às ordens. Trazia

---

7 *Idem*, p. 164.

como novidades importantes o voto secreto, o rebaixamento da idade mínima para 18 anos e o voto feminino.

> A Constituição de 1934, cujo anteprojeto foi elaborado com a colaboração de duas mulheres, Dra. Carlota Pereira de Queiroz e Dra. Bertha Lutz, consagraria, definitivamente, em seu artigo 108 o voto feminino.[8]

As Constituições de 1937, 1946, 1967 e 1969, em que pesem as modificações que trouxeram para a ordem política, sempre mantiveram a exclusão do analfabeto. Mas se legalmente a discriminação era feita com relação ao considerável contingente pobre da população no seu todo, uma vez, como já se afirmou, pobreza e analfabetismo se encontram profundamente associados, a grande malandragem oficial consistia em de fato promover a utilização e a manipulação do voto do analfabeto. É que, num Brasil em que prevaleceu até 1960 a população rural, o "coronelismo" associado à prática comum das fraudes nas eleições produziu o "voto de cabresto", significando a utilização do voto do trabalhador rural analfabeto e pobre, ligado ao dono da terra por uma situação de dependência total.

No seu clássico estudo, *Coronelismo, enxada e voto,* Victor Nunes Leal analisou com precisão as relações sociais existentes no campo quando escreveu:

> Completamente analfabeto, ou quase, sem assistência médica, não lendo jornais ou revistas, nas quais se limita a ver as figuras, o trabalhador rural, a não ser em casos esporádicos, tem o patrão na conta de benfeitor. E é dele, na verdade, que recebe os únicos favores que em sua obscura existência conhece. Em sua situação, seria ilusório pretender que esse novo pária tivesse consciência de seu direito a uma vida melhor e lutasse por ela com independência cívica. O lógico é o que presenciamos: no plano político, ele luta com o "coronel" e pelo "coronel". Aí estão os "votos de cabresto", que resultam, em grande parte, da nossa organização econômica rural.[9]

---

8 Heleieth Iara Bongiovani Saffioti, *A mulher na sociedade de classes, mito e realidade,* São Paulo, Livraria Quatro Artes Editora, 1969, p. 276

9 Victor Nunes Leal, *Coronelismo, enxada e voto,* 4ª ed. São Paulo, Editora Alfa-Omega, 1978, p. 25.

E mais adiante dirá o autor, referindo-se ao recenseamento de 1940 que registrava a percentagem de 68,76% para a população rural e 31,23% para a população urbana:

> Daí a predominância, em nossos pleitos, do eleitorado rural, esse eleitorado "das grotas", em que repousavam, na última campanha estadual, as baldadas esperanças de um conhecido político mineiro. O requisito da alfabetização, que aumenta a percentagem da população urbana, em confronto com a do campo, não basta para fazer a compensação, porque um roceiro menos que analfabeto sempre pode, com paciência e boa vontade, rabiscar seu nome, ou reproduzir, em garranchos, um requerimento de qualificação.[10]

Nessas análises pode-se observar com nitidez a relatividade da cidadania e a "participação" do analfabeto nas eleições, esses simulacros de democracia. Por temor ou amor ao "coronel", sem saber em que estava votando, o eleitorado "das grotas" do Brasil rural estava bem longe da escolha consciente, feita através de seu voto de analfabeto. Alheio às manipulações dos bastidores do poder, bastava-lhe satisfazer o gosto do patrão. Era um jogo que ele jogava, quem sabe até com um certo prazer, mas o resultado da partida não lhe pertencia, como de resto, atualmente, não lhe pertence. Esse eleitor tem em comum com o de hoje, igualmente analfabeto, mas podendo votar legalmente e na sua maior parte urbanizado, o gosto pela festa, a emoção de jogar, o fascínio pelo ritual das urnas. O mais, todos sabiam e sabem, fica na mesma.

Observe-se, contudo, que, há quase cinqüenta anos atrás, importavam menos as condições de analfabetismo, em si próprias, do que a situação de isolamento em que vivia o homem do campo, as quais serviam para embrutecer e impedir quaisquer percepções mais atiladas com relação a si mesmo e à sociedade. Contava apenas o entorno restrito e imediato, o que equivalia a um paroquialismo acentuado que traduzia o atraso e o subdesenvolvimento político na sua forma mais exasperada.

O transporte rodoviário e a difusão do uso do rádio no meio rural foram elementos que, contribuindo para romper o isolamento,

---

10 *Idem*, pp. 243-244.

propiciaram o início de uma lenta porém gradativa mudança no comportamento do trabalhador rural e analfabeto. O próprio Victor Nunes Leal refere-se em sua obra, aqui citada, a "alguns indícios de modificação" observados nas eleições de 1945 e 1947, os quais foram atribuídos por "observadores locais aos numerosos aparelhos receptores e à maior possibilidade de contato com a rede urbana pelo uso bastante generalizado do transporte rodoviário".

Sem dúvida, a migração do campo para a cidade rompe o isolamento para colocar o indivíduo em contato com múltiplas experiências inexistentes no meio rural. Ele apreende um novo contexto que lhe trará não um milagre de mudança imediata que o transforme por completo, e sim que alterará suas percepções e maneiras de sentir a vida, mesmo que continue analfabeto e embrutecido pela miséria. Na cidade, para poder sobreviver, cursará a escola geral da malandragem. Esta o compensará de certo modo da falta da escola formal, e, através de vários "cursos" de matreirice e de jeitinho, poderá alcançar algumas situações para ele compensadoras, a despeito de seu analfabetismo e de seu despreparo como mão-de-obra. É possível que não venha a obter grande coisa que altere fundamentalmente sua situação de pobreza extrema. Dependerá de muitos fatores e circunstâncias. Poderá conseguir um emprego ou cair na marginalidade. Progredir, rompendo com suas circunstâncias de vida (o que se constitui exceção), ou permanecer desgraçadamente miserável até o fim de seus dias. Do que o eleitor "das grotas" não escapará no meio urbano é do aprendizado cruel e individualista através do qual poderá conquistar sua sobrevivência, nem que seja simplesmente para manter-se vivo. E na escola da malandragem, todo mundo aprende a votar e a transformar o voto na moeda rendosa capaz de "comprar" os benefícios comuns da época das campanhas eleitorais.

A partir de 1970, 44,07% da população permanecem rurais, enquanto 55,92% já são urbanos, invertendo-se assim a situação anterior. Cresce a miséria nas favelas, nos bairros pobres, nas palafitas, diante da inoperância do poder público e da acomodação da sociedade como um todo. Em política, habituais e antigas práticas como, entre outras, a fraude eleitoral, continuavam a ser utilizadas. Votavam mortos, vivos em dobro e analfabetos à vontade.

Em eleições mais recentes como as de 1982, segundo o Serviço de Processamento de Dados (SERPRO), as incorreções nas listagens, entre eleitores duplos, fantasmas ou com outro endereço, chegaram a 17%. Doze estados, pelo menos, denunciaram fraudes e incorreções.

> Na Bahia, por exemplo, diversas cidades tinham mais eleitores que população, outras, mais eleitores que a população alfabetizada. O deputado federal Francisco Pinto, do PMDB da Bahia, conta que na cidade de Ipirá, a 50 km de Feira de Santana, em uma determinada hora nas eleições de 1982, quando era grande o tumulto em uma das urnas, o juiz da zona eleitoral resolveu organizar a votação pedindo que fossem formadas duas filas: uma com eleitores de Ipirá, outra com os de Feira de Santana — estes, fraudulentos. E a votação transcorreu normalmente.[11]

Outro exemplo de fraude pode ser dado nas eleições de 1985 para prefeitos das capitais, quando, segundo os cálculos oficiais do Tribunal Regional Eleitoral (TRE), em Teresina, no Piauí, mais de 1.400 defuntos votaram para prefeito.

Exemplos de fraudes ao longo de nossa história política poderiam encher vários volumes. Essa prática malandra nascida com as primeiras eleições do Império, e que vem sendo utilizada fartamente por políticos e partidos de maneira generalizada e habitual, atesta, de um lado, um Estado caracterizado pela somatória da incompetência com a corrupção, e, de outro, um comportamento político de massa onde se evidencia certa cumplicidade com as classes dirigentes na busca de arranjos clientelísticos e paternalistas.

É de se perguntar se a educação resolveria essa situação que remonta a nossa formação colonial. O problema é que o tipo de educação, que no Brasil existiu e existe, também é conseqüência do legado das origens que deram como produto nosso específico a cultura da malandragem.

Analfabetos de pai e mãe e analfabetos funcionais

Na cultura da malandragem, onde, entre outras características, quem não rouba ou leva vantagens é tido como pessoa pouco inteligente, de certa maneira existe um estado de natureza hobbesiano, coexis-

1 *O Estado de São Paulo,* 2/6/85, p. 4.

tindo de forma esdrúxula com um Leviatã subdesenvolvido, cuja "capacidade" funciona apenas no sentido de manter as regalias dos "donos do poder", mas que é frouxo e incapaz, quando se trata de fazer cumprir as leis, e inepto para proporcionar à sociedade a organização e as condições necessárias ao seu desenvolvimento, incluindo a educação.

Naturalmente, a educação não pode ser compreendida como componente isolado, capaz de redimir como por passe de mágica todo o subdesenvolvimento econômico e político. Contudo, é preciso não esquecer que no Brasil o número de analfabetos de pai e mãe, ou seja, os rigorosamente analfabetos, segundo o *Novo Dicionário Aurélio*, é calculado estatisticamente em 20 milhões de adultos.

Entre os esforços governamentais no sentido de atenuar a situação de analfabetismo, pode-se citar o Movimento Brasileiro de Alfabetização (MOBRAL), criado em 1970, dentro do estilo de "Brasil Grande" ou "Milagre Brasileiro", durante o governo do presidente Garrastazu Médici. A meta era chegar em 1980 com um índice de 10% de analfabetismo. Em que pesem, porém, as previsões e os esforços desenvolvidos, o MOBRAL padeceu de uma série de limitações tais como:

— Baixa qualidade na formação de seus quadros. (Dos 120 mil professores do MOBRAL existentes em 1985, metade era semi-analfabeta, não possuindo sequer o primeiro grau completo.)

— Confusão de alfabetização como o simples ato de assinar o nome, o que levou a distorções estatísticas.

— Transferência do objetivo de uma ação educativa para o de uma ação social. (Ao invés de ensinar a ler e escrever, o MOBRAL atuava com orientação para outras atividades tais como artesanato, hortas caseiras, programas de higiene e saúde, etc.)

— Tempo de duração do curso limitado em oito meses. (Findo esse período, os alunos recebiam o certificado de presença, mal sabendo assinar seu nome e ler e escrever algumas palavras.)

A despeito do MOBRAL, houve todavia no Brasil uma redução do analfabetismo, decorrente dos processos de crescimento econômico, de industrialização e de urbanização.

No quadro que se segue, os dados estatísticos demonstram, além da diminuição do analfabetismo, outro interessante aspecto referente ao maior acesso da mulher à educação.

QUADRO I

Taxa de analfabetismo, por sexo
População de 10 anos e mais

	1940	*1950*	*1960*	*1970*	*1980*
Total	56,96	51,65	39,37	32,05	25,50
Homens	51,85	43,38	35,97	29,75	24,43
Mulheres	62,01	55,83	42,70	34,30	26,54

Fonte dados brutos: FIGBE, tabulações avançadas do censo demográfico, 1980, vol. 1, tomo 2, quadro 3. Wanderley Guilherme dos Santos, "A pós-revolução brasileira", *in* Hélio Jaguaribe e outros, *Brasil, sociedade democrática,* Rio de Janeiro, José Olympio Editora, 1985, p. 256.

Se as estatísticas mostram um avanço bastante considerável em direção à redução do analfabetismo no Brasil, é preciso, contudo, que fique clara a dificuldade do acesso à educação por parte da pobreza, aspecto este que aparece refletido de forma marcante, levando-se em conta a cor do indivíduo e as regiões brasileiras. Segundo dados apresentados por Wanderley Guilherme dos Santos, observa-se que:

> Se o contingente de homens brancos analfabetos decresce de 43,8%, em 1950, para 24,3%, em 1980, as percentagens correlatas para pardos e pretos são, respectivamente, 70,3% e 48,2% (pardos em 1950 e 1980) e 73,5% e 46,7% (pretos em 1950 e 1980).
>
> A mesma situação diferencial manifesta-se em relação ao contingente feminino. A taxa de analfabetismo entre mulheres brancas decresce de 50,8%, em 1950, para 25,6%, em 1980. As proporções para pardas e pretas, mesmos anos, são 76,1% e 47,8% (pardas) e 79,4% e 48.6% (pretas).[12]

Essas percentagens ilustram, também no setor educacional, o pensamento do sociólogo Guerreiro Ramos; quando este afirmou que "no Brasil coincidem as linhas de classe com as linhas de cor".

[12] Wanderley Guilherme dos Santos, ob. cit., p. 258.

A coincidência entre pobreza e baixos níveis educacionais aparecerá também através do censo de 1980, pelas regiões do Brasil. Assim, no Nordeste, onde a miséria e o atraso coexistem numa das situações mais críticas do país, o censo apontava 45,4% da população como analfabetos. Na região Sudeste, 16,8%, no Sul, 16,3%, no Centro-Oeste, 25,3%, e, no Norte, 29,2%, respectivamente, das populações são analfabetas.

Em todo caso, deve-se levar em conta que os dados oficiais não traduzem uma realidade completa nem demonstram uma evolução significativa do conteúdo educacional. Segundo o então presidente do MOBRAL, Vicente Paulo Barreto, "além dos cerca de 26 milhões de analfabetos do País, temos ainda um número difícil de quantificar dos chamados analfabetos funcionais, que são aqueles que passaram pelo MOBRAL ou pelas escolas da rede oficial e simplesmente não foram alfabetizados. No máximo aprenderam a desenhar o nome ou a ler sem compreender o significado das palavras".[13]

Ressalve-se, aqui, que o analfabetismo funcional não está ligado apenas à pobreza. Se nos indivíduos mais pobres esse fenômeno se revela de forma crucial, costuma atingir a sociedade como um todo, variando, naturalmente, o critério de definição de analfabetismo funcional, conforme o nível educacional atingido e a camada social a qual pertencem determinados grupos dentro da estratificação.

O analfabetismo funcional não ocorre tampouco somente em sociedades subdesenvolvidas. Mesmo em países desenvolvidos, como, por exemplo, os Estados Unidos, o fenômeno existe, e deve ser entendido como "nível de escolaridade necessário para lidar com as exigências da moderna vida econômica e social e com os avanços da tecnologia". Nesse sentido, a medida da alfabetização funcional não está determinada; ao contrário, evolui constantemente. Assim, o nível de instrução que ontem qualificava alguém para um emprego pode ser insuficiente amanhã.

Nos Estados Unidos, um estudo publicado em 1970 pela agência de pesquisas "Louis Harris Poll", e financiado pelo "National Reading Center", revelou que 18,5 milhões de norte-americanos de dezesseis anos ou mais eram funcionalmente analfabetos, tendo sido usados para

---

13 *Folha de São Paulo,* 20/10/85, 3.º caderno, p. 33.

se chegar a essa conclusão os critérios de aptidão para ler e responder perguntas sobre o conteúdo de um jornal, utilizar uma lista telefônica, preencher corretamente formulários variados (solicitação de empregos, previdência social, conta bancária, etc.), preencher um cheque, compreender um horário de ônibus, etc.

Uma pesquisa semelhante, realizada de 1971 a 1976 pela Universidade do Texas, utilizou critérios que privilegiavam também a vida cotidiana: calcular o consumo de gasolina de um carro, dar troco sem se enganar, compreender as deduções sucessivas de sua ficha de pagamento, etc., e concluiu que a falta desses conhecimentos atingia de 15 a 20% dos norte-americanos. Segundo o serviço de imprensa da Casa Branca, o total de 23 milhões de iletrados funcionais aumentaria anualmente em 2,5 milhões.[14]

No Brasil, além do analfabetismo funcional citado por Vicente Paulo Barreto, e que se enquadra nas camadas mais pobres da população, existem mais dois tipos: aquele incapaz de lidar com as exigências da moderna vida econômica e social e com os avanços da tecnologia, e o que tendo passado pela universidade não se encontra adequadamente preparado nem em termos teóricos, no tocante ao conteúdo de conhecimento, nem no plano prático, no sentido de estar realmente habilitado para o exercício de uma profissão. Muitas vezes, os dois tipos se fundem num só.

O número preciso dos analfabetos funcionais de nível universitário demandaria uma nova pesquisa. Entretanto, mesmo sem a "precisão estatística", pode-se afirmar com certeza que eles existem, bastando para o levantamento dessa hipótese que se analise a universidade tal como ela funciona.

A universidade Mobral

Estatisticamente falando, o acesso à educação superior aumentou consideravelmente entre 1970 e 1980, sendo que o dado mais significativo se traduz no fato de que a participação percentual das mulheres na população universitária ultrapassou a dos homens.

---

14 *Folha de São Paulo,* 20/10/85, 3.° caderno, p. 33.

QUADRO II

População com instrução superior por idade e sexo

	1970			*1980*		
Idade	*Total*	*Homens*	*Mulheres*	*Total*	*Homens*	*Mulheres*
18	28.617	13.095	15.522	63.482	25.734	37.748
19	48.518	22.954	25.564	104.272	43.237	61.035
20 a 24	317.292	180.914	136.378	646.336	318.404	327.932
Mest./Dout.				5.837	2.767	3.070
18 a 24	394.427	216.963	177.464	819.927	390.142	429.785

Fonte:
1970 = Censo demográfico, Brasil, Série Nacional, vol. 1, tab. 11, pp. 29-30.
1980 = Censo demográfico, Brasil, vol. 1, tomo 4, n.º 1, tab. 3.3, pp. 132 e 134.
in Hélio Jaguaribe e outros, *Brasil, sociedade democrática,* Anexo de Dados, p. 329.

Através deste quadro, notam-se não só o aumento do acesso da população jovem ao ensino superior, a impressionante ultrapassagem feminina, superando o número de homens nas universidades, como também o surgimento dos pós-graduados, que, se supõe, deverão compor uma elite de conhecimento e especialização dentro da área educacional.

Entretanto, por detrás da eloqüência dos números, é preciso que se enxergue com o maior realismo possível a essência do nosso atual ensino superior, numa tentativa, inclusive de, ao denunciar nossos problemas educacionais através da análise concreta dos fatos, tentar superá-los.

Nesse sentido, não se pode deixar de constatar que a qualidade do ensino superior vem declinando. Num verdadeiro círculo vicioso, cursos ruins formam professores ruins, que ministram cursos piores para alunos que serão professores cada vez piores. A universidade coroa toda a soma da baixa qualidade de ensino que a antecede, perpetuando para cada aluno, nada mais, nada menos, do que lhe vinha acontecendo em matéria de educação desde os seus sete anos de idade.

Antes, criticava-se a elitização da universidade que selecionava com base na competência e só absorvia alunos de renda mais alta. A mudança no sistema de vestibular que facilitou a entrada de um número bem maior de estudantes de camadas sociais de poder aquisitivo mais baixo, e a cópia do sistema de créditos das universidades norte-americanas, que aparentemente amenizou a vida de professores e alunos, foram medidas tomadas em nome de uma "democratização" da universidade. O resultado, porém, foi o da massificação. Sem estrutura e infra-estrutura para suportar a quantidade, a qualidade se degradou. A decantada democracia se converteu numa ilusão, pois, para os alunos de renda mais baixa, esse tipo de universidade não oferece a igualdade de oportunidades própria dos sistemas democráticos. Sem prepará-los adequadamente, não eleva seu *status*, não os adestra para enfrentar o mercado de trabalho das profissões mais conceituadas e mais bem remuneradas.

À ilusão de democracia, somam-se hoje certos simplismos democráticos. Em nome de uma abstrata igualdade que omite uma diferenciação até por níveis de conhecimento, tenta-se nivelar por baixo, deixando-se de lado os pilares em que deve se assentar a universidade: a hierarquia, o mérito e a competência. Dessa vez, o resultado é a mediocrização.

A despeito, contudo, dessa situação, a universidade continua a atrair e a acolher um número cada vez maior de estudantes. Num país em que todos querem ser doutores, entrar para a universidade significa um rito de passagem. Sem este, segundo o condicionamento imposto socialmente, o indivíduo não se integra idealmente à sociedade, não alcança sua maturidade, não abre as portas que o farão alçar-se a um *status* mais elevado antes restrito a uma minoria que conjugava riqueza e conhecimento, o que seria agora ofertado a todos através do conhecimento que conduz à riqueza.

Dentro dessa mentalidade, mister se faz a todo transe transpor o ritual do vestibular e ingressar no fabuloso mundo do diploma. Este é o alvo, a "chave", o símbolo mágico do poder que se espera vir a ter. Por isso, vale tudo para entrar na universidade.

O problema, certamente, não é tanto entrar, mas sair da universidade. Especialmente para os que moram no interior e, que, portanto, não têm as oportunidades profissionais mais diversificadas dos grandes centros, resta permanecer nos empregos que já possuíam antes de se diplomar em nível superior, ou buscar qualquer tipo de ocupação, concorrendo inclusive com pessoas que possuem o 1º ou o 2º grau. Naturalmente, o fenômeno não fica restrito ao interior. Nas capitais, a maior concorrência, o despreparo dos postulantes aos empregos que requerem nível superior, a inadequação do número de formandos que saem semestralmente das universidades às demandas de mercado, etc., fazem com que aconteçam casos freqüentes de pessoas que, por estarem cursando ou tendo cursado uma universidade, não conseguem encontrar emprego de acordo com sua graduação. Recentemente, por exemplo, noticiou-se que muitos estudantes universitários da capital paulista estavam concorrendo para uma vaga de lixeiro em Cubatão-SP, uma vez que ali era oferecido um salário inicial de Cz$ 6.000,00. Dessa forma, muitos bancários, funcionários públicos, vendedores, balconistas, manicures, ascensoristas, donas-de-casa, doceiras, guardas de trânsito, etc., acabam se esquecendo com o tempo o pouco que aprenderam de nebulosas teorias. Entre esses universitários, muitos e muitos são analfabetos funcionais. O cotidiano, a luta pela vida, costumam consumir com as levas de "cientistas", de "técnicos", de "profissionais" que todos os semestres são despejados pelas universidades num mercado de trabalho que não os absorve. Para estes, restará como lembrança do curso um diploma, cuja utilidade máxima será o de decorar o canto de uma modesta sala de visita.

Já que a graduação se vai tornando hoje em dia cada vez mais insuficiente para se obter uma gratificação socialmente traduzida em remuneração e elevação de *status,* alguns partem para a pós-graduação na esperança de obter mais preparo e, assim, mais oportunidades profissionais. Na própria universidade, para quem se encontra em atividade de magistério, as pós e mais pós-graduações são imprescindíveis para a ascensão na carreira e, ao mesmo tempo, a condição *sine qua non* para a obtenção de prestígio e respeitabilidade entre os colegas docentes, assim como perante os alunos.

O esforço da pós-graduação demanda, na maioria das vezes, enormes sacrifícios pessoais, sobretudo para os que partindo de "universidades periféricas" vão buscar melhores cursos nas universidades mais afamadas das capitais. Merece tal esforço aplausos e reconhecimento social, mas apenas na medida em que não seja um rótulo a mais na terra em que todos querem ser doutores. É que, infelizmente, na maioria dos casos, os cursos de pós-graduação não traduzem o aprimoramento intelectual, a busca de conhecimento, ou mesmo o saber especializado, mas neles se repete como na graduação a mera caça do título pelo título.

Em entrevista à revista *Veja,* o especialista brasileiro em assuntos de educação Cláudio Moura Castro fez duras críticas aos programas de pós-graduação e pesquisa no Brasil. Sua experiência como coordenador da CAPES lhe proporcionou um profundo conhecimento dos programas de mestrado e doutorado nos quais, em 1982, já estavam matriculados 35.000 estudantes e pesquisadores. Para Castro, existe uma série de distorções que só poderiam ser corrigidas com uma política seletiva, calcada num único critério: o da excelência acadêmica. Assim, diz ele:

> O único critério de seleção aceitável é o da excelência acadêmica. Infelizmente, a excelência acadêmica anda meio fora de moda no Brasil. Concorre para isto uma certa demagogia que se manifesta de diferentes maneiras. Como o método científico é trabalhoso e difícil, há quem prefira escorar-se na falta de disciplina intelectual para propor metodologias pseudocientíficas que ignoram a herança da ciência.[15]

As críticas de Castro apontam no sentido da quantidade em detrimento da qualidade, ressalvando que "há desde má fé até cursos que colocam o país na liderança mundial em determinadas áreas".

Essas opiniões coincidem com as do filósofo e professor da Universidade de São Paulo (USP), José Arthur Giannotti, quando este diz:

> A produção científica brasileira é, em grande parte, uma falsa produção, um fazer de conta. É muito comum se fazer uma tese sem a menor relevância, mas que serve para a pessoa pular de um cargo para outro na universidade. É enorme a quantidade de trabalhos acadêmicos não publicados. E como a universidade em sua estrutura burocrá-

---

15 Cláudio de Moura Castro, "Os males da quantidade", *Veja,* 26/5/82, pp. 5-6.

> tica exerce uma avaliação canhestra e não exige dos pesquisadores trabalhos relevantes, acaba não havendo distinção entre o sábio e o sabido.[16]

Em outra entrevista, Giannotti chegará a afirmar que:

> A universidade virou um enorme MOBRAL. Com as festejadas exceções, os professores não querem ensinar, os alunos não querem aprender e a burocracia ocupa espaço nesse vazio.[17]

Não se pretende aqui negar que uma nova classe média de nível universitário vai assumindo cada vez mais na sociedade relevantes funções de cunho técnico e gerencial. O conhecimento, sem dúvida, proporciona o acesso a profissões de destaque, coisa impossível de ser obtida por analfabetos de pai e mãe, ou pessoas com condições de instrução inferiores ao nível universitário. Mesmo que os cursos do 3º grau se achem nas condições aqui sumariamente descritas, as chances ascensionais dos "doutores" são, como não poderiam deixar de ser, muito superiores às daqueles que não possuem o mesmo nível de escolarização, ainda que na maioria dos casos a titulação recebida não passe de um rótulo que encobre um conteúdo vazio em conhecimento. O problema que se coloca, inclusive para o próprio desenvolvimento do país, é que muitos membros dessa "elite do saber", alçada a cargos públicos relevantes, compõem de maneira bastante numerosa a massa de analfabetos funcionais de beca que todos os semestres saem às fornadas das universidades. A diferença entre os universitários que não conseguem dos que conseguem alçar-se à esfera mágica dos empregos ornamentais, dos trens da alegria, das deliciosas "funções" de nada fazer a não ser receber generosos salários ao final de cada mês, reside no fato de que os últimos fazem parte das clientelas políticas e ostentam o principal trunfo de que se pode dispor neste país, o qual abre portas importantes, chegando mesmo a dispensar o diploma: o pistolão. São justamente os apadrinhados, e não os mais competentes, que deslumbrados consigo mesmos, com sua "importância" e esperteza em ter chegado tão

---

16 José Arthur Giannotti, "Contra a demagogia", *Veja,* 21/8/85, pp. 5-6.
17 José Arthur Giannotti, "O filósofo do contra", Folhetim, *Folha de São Paulo,* 30/6/85, p. 8.

longe com tão pouco esforço, que mais acentuarão com o preconceito e o desprezo, a distância entre letrados e iletrados, como se nossos atuais diplomas fossem capazes de proporcionar automaticamente a sabedoria que distingue o homem "instruído" do ignorante, como se a percepção política — que é o tema que interessa neste trabalho — fosse muito diferente no tocante ao voto entre os que não sabem ler e escrever e os que receberam certos rudimentos de educação.

O voto do analfabeto

Quando a partir da emenda constitucional nº 25, de 15 de maio de 1985, o Congresso Nacional recuperou legalmente para o analfabeto o direito do voto, algumas opiniões expressas por leitores da grande imprensa lembraram o influente Francisco Belisário Soares de Souza, quando este dizia há mais de um século atrás:

> Conferir o voto ao indivíduo que nem ao menos sabe ler e escrever parece uma zombaria e um contra-senso. Com que aparência de razão pretenderá influir nos destinos dos seus concidadãos, aquele que ainda não se libertou das trevas mais grosseiras da inteligência? [18]

Na seção de cartas do *Jornal do Brasil* de 31 de maio de 1985, pessoas assim se pronunciavam:

> Muito mais útil que dar direito de voto ao analfabeto é fornecer-lhe todos os meios para que ele aprenda a ler. A democracia exige plena responsabilidade de cada cidadão, o que só pode ser alcançado através da educação para todos. [19]

> Só podia ser num país chamado Brasil que o analfabeto tem o direito de votar, só numa Nova República governada por manipuladores de votos é que isso acontece. [20]

---

18 Francisco Belisário Soares de Souza, *O sistema eleitoral no Brasil — como funciona, como tem funcionado, como deve ser reformado*, Rio de Janeiro, Tipografia do Diário do Rio de Janeiro, 1872, p. 104.

19 *Jornal do Brasil*, 31/5/85, p. 10.

20 *Idem*.

Em *O Estado de São Paulo,* um dos mais importantes jornais do país, as manifestações dos leitores paulistas não eram muito diferentes das dos cariocas, na mesma época:

> Como, então, permitir que o analfabeto incapaz de ler, de estudar, sem nenhuma cultura intelectual, entregue de pés e mãos atadas à cupidez e à falta de escrúpulos de "políticos" manhosos, exerça um direito cuja importância está longe de compreender e reconhecer sua grandeza?[21]
>
> Como fazer votar os coitados despreparados, que não sabem ler, nem escrever, nem contar até dez? Precisaria de um método visual, inconfundível de conhecimento primitivo, caseiro, cotidiano. Me parece que o único mais apropriado seria uma espécie do tão conhecido pelo povo, jogo de bicho.[22]
>
> A verdadeira democracia não se constrói dando o voto ao analfabeto, mas dando-lhe o alfabeto para que possa votar, com o critério pessoal. Só a escola confere à criatura humana a claridade interior da cidadania.[23]

No próprio Congresso, as discussões que se processaram relativas à regulamentação do exercício do direito do voto pelo analfabeto traíram, por parte de alguns de seus integrantes, perplexidades, dúvidas e preconceitos. Na verdade, os políticos estavam mais interessados, na ocasião, na questão da reformulação da Lei Orgânica dos Partidos Políticos, a qual acabou permitindo a proliferação dos mesmos, servindo ao troca-troca e às ambições de poder dos que deles se serviram para conseguir as legendas difíceis de se obter nos outros partidos, especialmente no PMDB.

> Dois dos mais antigos e experientes políticos com assento no Congresso, o Senador Luís Viana (PDS-BA) e o deputado Ernâni Satyro (PDS-PB) — ambos remanescentes da Assembléia Constituinte de 1946 — manifestaram certa apreensão com "essa experiência". Luís Viana achou que o melhor teria sido, ao menos numa primeira etapa, limitar o voto do analfabeto ao âmbito municipal, como chegara a propor o presidente Castelo Branco, não obtendo, porém, o apoio do Congresso que considerou "muito avançada" esta proposta... Naquele momento, assinalou

---

21 *O Estado de São Paulo,* "Dos leitores", 2/6/85, p. 2.
22 *Idem.*
23 *O Estado de São Paulo,* "Dos leitores", 12/6/85, p. 2.

> o senador que não tendo o Congresso estabelecido nenhuma restrição, a lei ordinária que regulamentará não poderá fazê-lo. O direito do voto é amplo. O analfabeto pode escolher desde o vereador até o presidente da República.[24]

Outros políticos, entretanto, estavam cientes de que o impacto da medida que permitia ao analfabeto tornar-se um eleitor — sem direito a ser eleito — visava precipuamente, através de um efeito populista, granjear mais simpatias para o governo da Nova República. Na prática, apenas se legalizava uma situação já existente. Assim, muitos congressistas sabiam que aquela extensão do voto não iria trazer nenhuma alteração significativa no resultado final das urnas. Afinal, calculavam que 40% do atual eleitorado brasileiro podiam ser equiparados aos analfabetos. São eleitores que só aprenderam a escrever o próprio nome e o número de determinados candidatos, muitas vezes em "cursinhos" montados por cabos eleitorais. Desse modo, a preocupação dos congressistas se restringiu a colocar na lei a forma pela qual os analfabetos poderiam retirar seus títulos de eleitor e depois exercer seu novo direito, resguardado o sigilo do voto.

A situação de fato, relativa ao exercício do voto do analfabeto, pode também explicar por que os partidos se interessaram tão pouco em lançar-se à conquista dos votos do contingente eleitoral iletrado. Isso não era novidade.

Os próprios analfabetos não deram grandes demonstrações de interesse pela dádiva não pedida e recebida. Aqui é preciso que se levem em conta outros fatores que contribuíram para a indiferença perante a medida governamental, sobretudo levando-se também em conta a parcela dos que realmente nunca tinham votado. Um desses fatores foi, sem dúvida, a pouca divulgação dada ao assunto pelo rádio e pela televisão. Muitos analfabetos ignoravam que, nas eleições de 15 de novembro de 85, também eles participariam legalmente para eleger prefeitos e vereadores das capitais, estâncias hidrominerais e cidades antes incluídas nas áreas de segurança nacional.

Ao descaso governamental com a divulgação necessária de tão importante medida, somaram-se desde as discussões mais bizarras do Congresso Nacional sobre o tipo de cédula a ser usado para fa-

---

24 *O Estado de São Paulo*, 19/5/85, p. 7.

cilitar o voto do analfabeto — cogitou-se de símbolos, de cores, de bichos, de fotos de todos os candidatos numa única cédula — até uma prosaica idéia surgida no ministério da Justiça, quando era ministro Fernando Lyra, e assim noticiada pelo *Jornal do Brasil*:

> Foi interrompido em boa hora o projeto que vinha ganhando forma dentro do ministério da Justiça de promover em todo o país uma grande campanha para mobilizar o voto dos analfabetos.
>
> Seria veiculada em *outdoors* com grandes cartazes anunciando: "Analfabeto: aliste-se. Seja eleitor". [25]

Acrescentando-se a pouca divulgação oficial e o descaso dos partidos, poder-se-á entender melhor o resultado das eleições de 85. Dos 17 milhões de analfabetos em condições de votar, apenas 77.226 requereram o título de eleitor, ou seja, 0,4% do total.

Em 86, o recadastramento que incorporou um contingente apreciável de analfabetos esteve longe de atingir a maior parte dos 20 milhões de brasileiros adultos que não sabem ler e escrever. "No Estado de São Paulo, por exemplo, onde existe um milhão de pessoas nesta situação, calcula-se que apenas 200.000 foram à luta por seu título." [26]

De qualquer forma, não se pode mais afirmar que o analfabeto ou semi-analfabeto dos grandes centros urbanos permaneça como o "eleitorado das grotas". Na sua luta diária pela sobrevivência, esse indivíduo iletrado desenvolve suas atividades como qualquer outro cidadão. Através do rádio e da televisão, recebe uma grande massa de informações, que, por mais distorcidas que possam ser, quebraram seu isolamento e o despertaram para o que se passa ao seu redor. Com freqüência, ele acompanha os fatos políticos e participa das campanhas eleitorais com uma intensidade e um interesse muito maiores do que se supõe normalmente.

Logicamente existem limitações profundas de compreensão dos iletrados, e os "componentes afetivos" se sobrepõem aos "componentes cognitivos" na cultura política dos que jamais passaram por qualquer aprendizado formal. Por outro lado, uma pesquisa realizada na Universidade de Brasília constatou que a maioria dos estu-

---

[25] *Jornal do Brasil,* 17/7/85, p. 3.

[26] *Veja,* 25/6/86, p. 44.

dantes não soube responder o que era uma Constituinte, uma Constituição e quais os cargos eletivos que estavam sendo disputados nas eleições de 86.

Com relação ainda ao rádio, já analisado em capítulo anterior, não se precisa chegar ao exagero do deputado Jorge Leite, que afirmou:

> "Estou muito feliz com a aprovação do voto do analfabeto, apesar de acreditar que, depois do surgimento do rádio de pilha, não há mais analfabetos no Brasil."
>
> Ao que um jornalista acrescentou:
>
> "Se for por isso, mais dia, menos dia, cassam-se os títulos eleitorais dos surdos."[27]

Das interpretações extremadas que exaltam um "povo guerreiro", chega-se às vezes àquelas que imaginam um "proletariado revolucionário", "consciente", apto a instalar sua "ditadura" e tomar o poder da "burguesia". Estranhamente muitos que teoricamente defendem esta última tese julgam ao mesmo tempo as classes mais baixas da população como incapazes de qualquer percepção por sua "ignorância". Dessa maneira, não são poucos os "intelectuais" de esquerda que acabam por se sentir frustrados quando entram em contato direto com aqueles que em sua imaginação teórica estariam prontos a seguir suas palavras de ordem e, dessa forma, alçá-los ao poder.

Na eleição de 86 ao governo de São Paulo, o candidato do PT, Eduardo Matarazzo Suplicy, admitiu dificuldades com as pessoas mais simples por falta de entendimento de suas propostas, chegando a dizer que "o povo não está acostumado a ouvir a verdade".

Esse comentário referia-se a uma entrevista do presidente nacional do PT, Luís Inácio Lula da Silva, na qual admitia que as camadas mais pobres da população estavam na campanha mais sensíveis a teses de direita do que de esquerda.

> "Há uma dificuldade grande de o PT atingir a periferia em larga escala", disse Suplicy, que atribuiu esse fato ao poder econômico dos

---

27 *Jornal do Brasil*, 11/5/85, p. 6.

demais candidatos, que ampliava o acesso destes aos meios de comunicação.[28]

Contido, tímido, burguês intelectualizado, sem carisma e sem malandragem política, o professor Suplicy, da Fundação Getúlio Vargas, de tradicional família de industriais paulistas, apesar de sua opção pelos pobres, na verdade nunca conseguiu se utilizar adequadamente dos meios de comunicação, mesmo quando os teve a seu dispor. Longe da magia dos "feiticeiros" e da veemência violenta do "cacique" Lula que consegue arrebatar votos entre os seus como líder sindical integrado, sobretudo aos metalúrgicos do ABCD paulista, tudo indica que Suplicy poderia contribuir de outras maneiras, como, por exemplo, economicamente, para a causa que abraçou, mas jamais como ativista ou doutrinador de massas.

Sobre o Lula, o deputado federal mais votado de São Paulo nas eleições de 86, com 651.763 votos, é bom lembrar que seu discurso é espalhafatoso e desenvolto. Ele ataca as autoridades, colocando-se ao lado dos trabalhadores, dos humildes, dos mais fracos. Se em conteúdo esse discurso nada tem a ver com o que vocifera pelo rádio Afanásio Jazadji, ambos os oradores têm pontos em comum, não, é lógico, sobre o que falam, mas da maneira como falam. O jeito como gritam, a energia, o gestual, a violência que flui de suas figuras, é que pode explicar por que Afanásio Jazadji foi o campeão de votos em São Paulo como deputado estadual, enquanto Lula foi o campeão como deputado federal. Dois candidatos tão distintos por seus partidos, por suas maneiras de pensar, que alguém observou que a estranha escolha que o povo fez nas urnas assemelhava-se à mistura de manga com leite, que, segundo a crença popular, é veneno. Para a grande maioria, porém, não há distinção. Eles entusiasmam, eletrizam e se configuram em salvadores que trazem a esperança de um mundo mais justo e igualitário. Se essencialmente são distintos, aparentemente são iguais, e com igual impacto atingem a emoção das pessoas. E a emoção é que se converte em votos e não a razão. Isso, o professor Suplicy jamais vai conseguir aprender. Dificilmente conseguirá transpor as barreiras de sua classe, de seu condicionamento intelectual, para se

28 *Folha de São Paulo,* 31/8/85, p. 5.

derramar em calor oratório para uma massa que pede e gosta de emoções fortes, pois está acostumada a elas. Por mais que Lula pedisse a Suplicy, na campanha, mais agressividade no discurso, esse polido senhor, acostumado ao tom doutoral das salas de aula, nada pôde fazer que soasse espontâneo e convincente para a classe "proletária", para os trabalhadores de seu próprio partido. Dessa forma, de mais essa campanha perdida, ficaram-lhe dívidas e, provavelmente, crises existenciais.

De resto, como disse Paulo Francis:

> Não há, claro, a menor chance de que um partido com um programa operário (digo isto porque é um programa de radicais de classe média que se imaginam representar a classe operária, e não de operários, porque estes querem mesmo é se integrar na sociedade de consumo, ter empregos, boa vida, etc. Não lhes passa pela cabeça coisas como o socialismo. Todos os líderes bolcheviques sabiam disso muito bem) tome o poder eleitoralmente no Brasil.[29]

Dentro de nossa cultura política, que hoje nada mais é do que a continuidade de um processo iniciado com Pedro Álvares Cabral e que forjou nossa mentalidade, não se pode esperar que as massas pobres se lancem com fervor revolucionário na esteira de seus "líderes marxistas". Nossos pobres são alegres, místicos, descrentes do poder e fascinados pelos poderosos. Sem ter quase nada recebido dos políticos, fatalisticamente distantes dos bastidores governamentais nos quais não crêem, hoje negociam e barganham seus votos. Se suas "harmonias cognitivas" diferem, como não poderia deixar de ser, dos sonhos e aspirações das classes média e alta, seu impulso político basicamente é o mesmo: conseguir, com um mínimo de esforço, um máximo de vantagem. Esta seja, talvez, a fórmula minimáxi que mais se adeque à cultura da malandragem que norteia, de modo geral, o comportamento das "elites" às massas, com as exceções que sempre possam existir.

No mais, no plano da participação política, prevalece de longa data uma discriminação que seria, como disse o historiador José Honório Rodrigues, referindo-se ao Império, de "natureza social e econômica, mas nunca literária". Assim, na política, entre letrados

---

29 Paulo Francis, *Folha de São Paulo*, 3/10/86

e iletrados, o que prevalece não é a distinção entre o sábio e o ignorante, mas entre o mais esperto e o menos esperto. Além do mais, para além de percepções atiladas e cultas dos escolarizados, se apresenta o fato de que não há muito o que escolher. Como já se viu em capítulo anterior, o problema não é tanto o voto da pobreza, mas a pobreza do voto, levando-se em conta a qualidade dos candidatos que os "donos" dos partidos apresentam para a escolha popular. Se não existem ideologias e sim interesses particulares, se os partidos se interessam apenas em conquistar votos, são os candidatos com melhores possibilidades de obter mais votação que serão lançados para a "escolha" pública. Nesse caso, o ideal é o candidato "populista", ou seja aquele capaz aparentemente de satisfazer as aspirações da massa, atingindo-as nas suas emoções, nos seus sonhos e alimentando suas esperanças.

Tomando dinheiro de quem puder e prometendo apoio a todos os candidatos, o indivíduo pobre simula vender uma das poucas mercadorias que possui: seu voto. A escolha porém é secreta. Como será que ele a encara? Será que o Brasil agora tem povo?

capítulo VII

Eles não São como Queremos nem como Imaginamos

Sei, há legiões de miseráveis, muito mais estes do que os confortáveis, mas mesmo aqueles preferem que algum nhô-nhô manso lhes jogue maná dos céus a violência dos que sabem, ou pensam saber, o que é melhor para eles. Isso é mais ou menos sabido (sem comentários públicos) por todos os líderes revolucionários deste século.

PAULO FRANCIS

A filha de Londres

Em 1924, veio ao Brasil a missão inglesa chefiada por Lord Montagu, o qual se fez acompanhar de vários assessores, entre eles Lord Lovat, diretor da Sudan Cotton Plantations Syndicate e assessor para assuntos de agricultura e florestamento.

O motivo da "visita" se deveu a uma tentativa inglesa de ressarcimento com relação à dívida brasileira, aqui investindo. Interessante maneira de cobrar e de lucrar. Eles ganharam. Nós também.

Lord Lovat esteve, entre outras áreas do Brasil, na região Norte do Paraná, onde adquiriu duas glebas para instalação de fazendas de algodão e máquinas de beneficiamento, organizando em Londres a Brazil Plantations Syndicate Ltd.

O insucesso desse empreendimento — num período de preços baixos e sementes deterioradas — determinou em 1925 a mudança dos planos iniciais. Na tentativa de ressarcir-se dos prejuízos sofridos, a Brazil Plantations Syndicate resolveu criar um projeto imobiliário nas terras adquiridas, organizando a Paraná Plantation Ltd., cuja subsidiária no Brasil chamou-se Companhia de Terras Norte do Paraná. O *slogan* da Companhia de Terras era "A mais notável obra de colonização que o Brasil já viu".

No tocante ao desenvolvimento rural, a companhia primeiramente esclareceu os títulos de propriedade de terras — tarefa formidável nas condições brasileiras — o que teve como resultado casos surpreendentemente pouco numerosos de conflitos entre colonos com antigas prestações e os novos recém-chegados. Além disso, usou propaganda em larga escala para atrair colonos, sendo aos primeiros oferecido transporte gratuito, com promessa de plena posse da terra dentro de um prazo de quatro anos, e alguma assistência técnica e financeira. Fez, também, um levantamento de toda a área rural e, onde era possível, foram elaborados mapas de solos.

Ao dividir a terra em lotes relativamente pequenos, a companhia afirmou explicitamente que sua política visava "favorecer e dar apoio aos pequenos fazendeiros, sem por isso deixar de levar em consideração aqueles que dispunham de maiores recursos". Com essa subdivisão, conseguiu promover uma verdadeira reforma agrária sem intervenção do Estado. A conseqüência social mais importante se traduziu na oportunidade oferecida aos trabalhadores sem posse para adquirirem os pequenos lotes agrícolas, cujas dimensões e modalidades de pagamento eram sempre moldadas de acordo com a posse dos compradores. Esse sistema de colonização estimulou fortemente a concentração da produção — sobretudo a cafeeira —, a explosão demográfica, a expansão de núcleos urbanos e o aparecimento, no Norte do Paraná, de classes médias rurais.

O primeiro posto avançado da colonização, criado em 1925, recebeu o nome de Londrina — filha de Londres — homenagem que o Dr. João Sampaio, um dos primeiros diretores da Companhia de Terras, prestou aos empreendedores ingleses. Alguns anos depois, em 3 de dezembro de 1934, por decreto estadual assinado pelo interventor Manoel Ribas, foi criado o Município de Londrina. A instalação deu-se poucos dias depois, a 10 de dezembro.

Pode-se dizer que, desde a sua origem, Londrina se tornou o ponto de referência mais importante do Norte do Paraná, oferecendo significativa atração principalmente para o meio rural. A substituição nessa região da lavoura cafeeira, eminentemente artesanal, pela lavoura diversificada e mecanizada tem liberado grandes contingentes de mão-de-obra rural para as cidades, especialmente Londrina, pólo regional concentrador de importantes serviços e equipamentos, centro administrativo e educacional da região, um dos mais importantes sustentáculos econômicos do Paraná.

Muita coisa porém já se modificou, como não poderia deixar de ser. A cidade cresceu, levantou-se em prédios, usou e abusou do comércio sem se industrializar, abrigou brasileiros de todos os quadrantes e imigrantes das mais diversas etnias. Dos tempos pioneiros, a única recordação que Londrina guarda, como que a relembrar os ingleses, é um *fog*, que em certas noites frias a invade e lhe dá seu toque londrino. É possível, também, que o afã inicial que levava as pessoas a trabalharem muito para construir uma vida melhor para si e suas famílias e, ao mesmo tempo, as enchia de esperança, entusiasmo e uma espécie de apaixonado orgulho pela cidade escolhida para edificar uma nova vida tenha sido substituído apenas pela pressa em ganhar dinheiro, nisso se concentrando a paixão, e nada mais. No enriquecer fácil e depressa, foi se elaborando uma classe social tipicamente de novos-ricos que convive com uma espécie de aristocracia, que para além do dinheiro é fina, culta e, naturalmente, pouco numerosa. Mas, se aqui o dinheiro flui, essa cidade de 346.676 habitantes — dado do IBGE referente a julho de 1985 — possui os filhos da miséria da rica filha de Londres. São bóias-frias, favelados, desempregados e até, refletindo a situação nacional, mendigos, menores abandonados, estes "desgraçados" das praças e das ruas, vagando em violência, sujeira, embriaguez. Londrina possui agora sua face cruel do Terceiro Mundo. Mesmo assim, tem seus apaixonados, seus adoradores bairristas, fazedores de poemas para sua cidade, preocupados com a evasão dos que procuram outras frentes pioneiras, e que não gostam nem de ouvir falar que Maringá, a cidade próxima e rival, anda prosperando muito. Esses apaixonados de Londrina ostentam orgulhosamente o título de pés-vermelhos, na verdade alcunha pejorativa dada pelos curitibanos numa alusão à terra roxa que suja as solas dos sapatos dos londrinenses. Curitiba se acha chique contra um interior brega, incluindo Londrina. Mas Londrina vive mais de São Paulo e não de Curitiba. É muito mais paulista do que paranaense, essa jovem e agressiva cidade. Entre as boas coisas de Londrina estão seus lindos pores-do-sol, os bons amigos, um excelente restaurante chinês, o Taiwan, e a Churrascaria Campo Grande de todos os domingos. No mais, não tem mar, o que faz com que muita gente ande de bermudas e sandálias, com um jeito recém-vindo de uma praia que não existe, curtindo nostalgia e "dor de cotovelo" das regiões litorâneas.

Para os que a amam, Londrina continua sempre linda. Pena que nem todos podem parar de se ocupar em ganhar dinheiro. Assim não conseguem ver esse verde esmeraldino de vegetação que circunda a filha de Londres, que se infiltra através de praças, árvores, jardins, terrenos vazios, nos bairros onde ainda remanescem umas casinhas de madeira de idos tempos, ao lado de imensas casas de estilo arquitetônico tão indefinido quanto o da população, esse bando de imigrantes vindos de todos os lados.

Nessa terra de aventuras e de arrojados aventureiros, busquei, nas favelas e nos bairros populares, a pobreza extrema: mão-de-obra desqualificada, renda equivalente até a dois salários mínimos, gente oriunda da zona rural, vivendo de subemprego, sobrevivendo mal no mundo dos subs, da subnutrição à subeducação, da subsaúde à subjustiça, etc. São homens e mulheres de todas as partes do país, das profundezas rurais, que aqui chegaram com esperança e hoje vão levando como podem. São analfabetos aos quais ousei perguntar muitas coisas, durante longas e longas horas. No gravador ficaram suas vozes e seus pensamentos. O que acham dos políticos. O que vale para eles o voto. O que entendem por reforma agrária. Qual o significado do rádio e da televisão nas suas vidas. Como vêem os governantes. Qual sua opinião sobre o voto do analfabeto, etc. Disse um pesquisador norte-americano que, "se queremos saber o que as pessoas pensam, por que não perguntamos a elas?" Foi o que fiz. E escrevi para que aqueles que não sabem ler nem escrever pudessem se expressar por escrito. Quem quiser saber se o Brasil tem povo, é só seguir lendo e, depois, tirar suas próprias conclusões.

Os filhos pobres da rica filha de Londres

José Filomeno dos Santos, conhecido por Mata-Sete, é um líder entre os seus, presidente da associação de moradores do bairro Nossa Senhora da Paz, ex-favela hoje urbanizada, onde a maior parte das moradias permanece como barracos e parte se transformou em casas populares, conforme decisão dos moradores do local. Mata-Sete, 48 anos, sergipano, cor negra, ri muito com aquela boca onde faltam os dentes da frente. Debaixo da gaforinha que lhe emoldura o crânio, como uma juba descabelada, está um cérebro privilegiado, que capta e retransmite impressões como um computador maroto, capaz de analisar com precisão o que se passa à sua volta. Declarou-se analfabeto, sabendo apenas desenhar o nome e fazer continhas de cabeça. Seus três filhos, já adultos, pararam há muito de estudar por necessidade de trabalhar, chegando a fazer até a 4ª série do primeiro grau. Perguntado sobre sua profissão, declarou algumas, entre as quais umas que eu nunca tinha ouvido falar: motorista, mecânico, betoneirista (!?), elevadorista (!?) e, na lavoura, tratorista. Mas, apesar de tantas profissões, disse estar há doze anos parado devido a sua idade (!?) e sua invalidez (!?). Para sobreviver, faz carretos com sua carroça e é ajudado pelos filhos que trabalham. Afirmou que se seus parcos rendimentos chegassem a um salário mínimo sua vida seria outra. Veio para Londrina há 27 anos e antes morou em várias fazendas. Sabia que o analfabeto já podia votar e contente comentou o fato:

Estou contente. Esse povo também são gente, são brasileiros, nascidos no nosso Brasil e também tem o direito de votar, nem que eles não saiba escrever, mas não é possível que por cor ou por uma coisa e outra eles não possam escolher seu presidente, seu governador, seu prefeito. Eles também têm a mesma vontade e a dor na alma de escolher as pessoas, igual aos que sabe ler e escrever.

Os analfabeto devem votar e sem medo de errar. O analfabeto tem mais experiência dessas parte do que quem sabe ler. Os que sabe ler, para guardar uma coisa na cabeça, às vezes é difícil. E um analfabeto guarda qui eu vou falar pra senhora!

Ele não aprendeu a ler mas tem um dom dado por Deus que depois ele acha. É igual a um cego. Deus tira as vista, ele aprende a tocar, aprende a cantar, aprende tudo. E, às vezes, a gente tem o corpo completo e não faz o que um cego faz ou o que o aleijado faz. Eu estou achando muito bacana aproveitar o voto do analfabeto, pois tem mais analfabeto do que pessoas que sabe ler. Quem só sabe assinar o nome não tem uma experiência total. Então ele significa a mesma coisa daquele que num sabe nada. Mas só porque ele sabe borrar o nome dele ele já passa por um cabo eleitoral, sendo que o outro que não aprendeu na aula a fazer o nome dele, mas tem uma capacidade e uma experiência que com poucas explicação pode eleger uma pessoa bem bacana pra dominar nosso município, nosso Estado, ou nosso Brasil.

Eu gosto de votar. Meu Deus do céu! Eu estou louco pra chegar as eleições pra mim votar, minha irmã! Toda a vida eu votei. Nunca fui dispensado. Tenho o título, sei assinar meu nome, mas não tenho aprofundação em leitura nenhuma. Me considero analfabeto também. Num tenho o que desfazer do outro que não sabe fazer o nome, mas que em outras partes tem mais sabedoria do que eu e de muitos que vejo aí que tem a 1ª série e o ginásio e mais e mais coisas. Eu vejo eles perder de zero pra muitos, às vezes pra quem nunca foi numa mesa de aula.

Sobre a instrução e o direito de votar, assim pensa Mata-Sete:

Quer dizer que aprender é uma coisa importante. Mas pra isso o governo tem de trazer o poder e as condições pra que se aprenda a primeira leitura. Como é que um pai de família que trabalha de empregado e que trabalha de bóia-fria, pode dizer, eu vou me matricular? Às vezes ele se matricula na primeira semana. Na outra semana o trabalho dele tem que dobrar de 10h, de 8h, então ele já não pode chegar naquela aula. Então o negócio é votar. Aprender todo mundo quer. Só não temos é condição de aprender. O importante é votar. Deus o livre! O governo pode dar o MOBRAL, mas não dá as condição de vida do pai de família. Então dá o MOBRAL e a merenda. É uma parte. Agora, tem a parte do pai de família no seu emprego: ele sai às vezes de manhã cedo no seu caminhão de bóia-fria e volta noutro dia. Um homem desse não tem condições nem de fazer uma matrícula do MOBRAL. Nós queremos votar primeiro, e depois, com o tempo, nós vai aprendendo.

Com relação à determinação legal do analfabeto votar mas não poder ser votado, Mata-Sete foi um dos poucos entrevistados desta pesquisa que se pronunciou a favor da elegibilidade do analfabeto, com argumentos capazes de escandalizar os adeptos da escola formal:

Só tenho o direito de eleger os outros? Aí já é um erro. O analfabeto não tem a leitura, mas às vezes tem a capacidade de dirigir um município melhor do que aquele que estudou por escola, que aprendeu por letra, porque hoje em dia o nosso Brasil está meio afundado é devido a muita gramática em cima.

O negócio tem de começar da raiz. É donde está a ferida. Não é tanto porque o homem aprendeu e sabe falar bonito. O que interessa é saber a necessidade de seu semelhante do pé a cabeça, e trabalhar o bem de todos. Hoje tamo cheio de pessoas que pega o poder e depois já vai lutar mais pros mais poderoso ainda, deixando os dez degrau que já tava atolado, se atolando mais ainda. Eles não tão mostrando, pela muita leitura que eles têm, capacidade nenhuma pra dominar um município, um estado, nem a presidência do Brasil. Hoje em dia, minha irmã, nem o quarto ano da escola tá valendo nada.

As opiniões de Mata-Sete irão coincidir, em grande parte, com a de outros analfabetos como Anísio Camilo. Este também é negro, tem 49 anos e é paulista de Santa Cruz das Palmeiras. Ao contrário de Mata-Sete, tem o cabelo bem curto e belos dentes brancos que surgem toda vez que ele emite sua risada abafada e mansa como se fosse o ruído da cachoeira de sua alma. Nervoso, tremia enquanto falava, balançando a cabeça e fechando os olhos para responder às perguntas que eu lhe fazia. Não sabe ler, nem escrever, nem fazer contas. Nem sequer rabisca o próprio nome. Se diz jardineiro de profissão, mas afirma que seus rendimentos mensais não chegam a um salário mínimo. Tem uma filha pequena. A mulher, que para Anísio é uma boa curandeira, resolve os assuntos domésticos de saúde e ajuda um pouco no orçamento familiar catando papel. Eles moram no Conjunto Habitacional Novo Amparo, ex-favela do Amparo. É um lugar barra-pesada, onde a própria miséria fez moradia.

Anísio está há 29 anos em Londrina. Antes, porém, morou em várias fazendas. Quando acabou o serviço de colono e entrou o de volante, os fazendeiros não aceitaram mais as famílias, preferindo os bóias-frias. Anísio optou então por vir para a cidade e trabalhar de bóia-fria, por ocasião das colheitas.

Sobre o voto do analfabeto, já estava ciente. Tinha ouvido pela televisão. Achou corretíssima a medida. Ele mesmo nunca votou, pois não sabe assinar o nome, mas tem muita vontade de votar. Entre votar ou receber do governo a instrução, prefere votar, mas acha que o analfabeto não pode ser eleito para nenhum cargo. Anísio teceu interessantes considerações sobre a possibilidade da "venda do voto do analfabeto". Raciocinou também sobre as intenções do presidente ao propiciar o voto do analfabeto:

Vender o voto é como vender seu filho pra depois ver ele sofrer. Você vai dar seu voto a troco de comida, de presente, essas coisas, pra depois ver aquela pessoa maltratar você? Não adianta. Às vezes pra não desfazer do outro, a gente pega o presente. Também não diz que não vota. Se a senhora, por exemplo, pedisse pra eu votar na senhora e me desse um presente, eu pegava o presente da senhora. Agora, votava se eu quisesse votar. Eu já ganhei o presente!

O analfabeto é igual aos outro. Só não sabe ler e escrever. Agora, justamente, esse negócio do presidente da República pegar o voto do analfabeto, é que ele tá sabendo que essa parte da pobreza são os mais fraco. É aonde que ele vai falar assunto da lavoura do pobre, daquele que está passando fome. Então, por isso que ele se interessou abrir o caminho pro voto do analfabeto, que ele tá sabendo que ele vai longe. Quanto voto de analfabeto não vai aumentar agora em cima do presidente. Então, justamente, ele nunca mais vai perder a partida agora que liberou o voto do analfabeto. Ele precisa desse voto. E, se ele ajudar as pessoas que é pobre, dando o grito no salário, tabelando as mercadoria que tá subindo o preço, fazendo a reforma agrária, os pobre vão dizer: eu tenho que votar nesse homem.

Agora, essas pessoa que já tem as coisas, que já tá sossegado, que tem renda, que tem muitos empregado, esses não gosta. Se ele tem mil empregado e esse fica gritando tudo esses negócios como o direito do aviso prévio, como é que ele vai gostar desse governador que vai entrar?

Eliseu Alves da Silva, branco, cearense, 62 anos, tem um boteco no bairro Franciscato, lugar que de tão pobre é mais chegado a favela do que a bairro. Muito falante, olhinhos azuis bem vivos, apelando sempre para o misticismo, pinta de cangaceiro aposentado, é o manda-chuva do local onde é respeitado e temido como um príncipe maquiavélico caboclo e primitivo. Semi-analfabeto como os demais, tem sua opinião formada sobre o voto do analfabeto e enfatiza a importância do título de eleitor:

O título de eleitor, seja o que for, é um documento. Um homem ou uma mulher sem documento seria como um peixe fora d'água, conforme os recinto em que eles se encontrar. Depois, o voto é como espírito, não tem macho nem fêmea.

Eliseu sempre votou. Por sua liderança é muito procurado e requisitado em campanhas eleitorais.

Maria Rosa de Souza, 56 anos, natural de Minas Gerais, branca, é uma criatura afável e simpática. Tem 20 anos de Londrina e reside na vila Nossa Senhora da Paz. Não sabia que o analfabeto já podia votar e considerou a medida acertadíssima, se bem que, para ela, isso nada altera, pois, mesmo sendo analfabeta, sempre votou e gosta imensamente de votar:

É muito atribulado o dia das eleições, mais eu gosto. Pois é uma força maior que a gente tem, pois votou numa pessoa que a gente considera e estima, que vai miorar pra gente. E nem que não miore, a gente considera aquela pessoa e tem aquele prazero.

Agora, o analfabeto não pode ser eleito. Tem de ter estudo pra saber o que se faz.

José Marinho Ferreira, 75 anos, baiano, mora num bairro paupérrimo chamado Parque das Indústrias. Viúvo duas vezes, está amigado com uma terceira mulher. Das três, teve 22 filhos, sendo que o último ainda é um bebê. Disse que a religião que sempre adorou e adora é a umbandista, assumindo assim uma postura que normalmente é camuflada, pois as pessoas preferem sempre se declarar católicas, apesar do sincretismo religioso brasileiro. Durante as longas horas de sua entrevista, várias vezes José me pediu licença e foi para fora do casebre para "atender" vizinhos que o procuravam para alguns passes e rezas. Além de líder comunitário, ex-presidente da associação de moradores de seu bairro, José se impõe aos seus através de um poder sacralizado. Como um chefe tribal, costuma unir o profano da atitude "política" ao místico e ao mágico, e assim exercer sua liderança de modo carismático, inconfundível e irrefutável.

José disse que mal sabe assinar seu nome, o que nunca o impediu de votar, e, com certo orgulho e a altivez de um patriarca manda-chuva, assim abordou a temática de seu próprio analfabetismo:

Quem tem a cabeça que Deus deu, pratica conforme Deus acha que a gente merece. Porque nada que eu sei ler ou escrever, também não tenho inveja de quem sabe ler e escrever. Se eu tivesse aprendido, acho que seria um advogado, ou talvez até um promotor ou um juiz, vamos supor. Hoje, na idade que estou, já dei o que tinha que dar. Mas, inclusivamente, mesmo o que tem muita leitura, se ele me passar pra trás, eu perdôo ele.

José, baixo, magro, cafuzo, cabelo branco cortado rente, olhos miúdos que se perdem às vezes no horizonte entrevisto pela porta, ares de pajé, fala baixa e comedida, vive de vender ferro velho, garrafas, "miudagens", o que lhe rende aproximadamente um salário mínimo. Veio de sua cidade de origem para cá, passando por várias fazendas de São Paulo, e já reside em Londrina há quase quarenta anos:

Vim pra esta cidade de Londrina, esperando uma vida melhor. E achei. Porque, justamente, aqui estou criando meus filho tudo, educando eles tudo. Graças a Deus! E espero em Deus até o ponto final. Se Deus me permitir, eu estudo tudo eles.

Quanto ao voto do analfabeto, opinou:

Tô escutando esse boato que disse que agora vai criar uma lei pra o analfabeto votar. Mais eu acho que o analfabeto pra votar tem que ter muita cabeça pra saber em quem votar. Porque o voto é uma coisa muito importante, e eu acho que o voto tem que nascer pela boca do povo.

E o analfabeto deve votar porque o título é um documento e o voto é um direito que assiste ele como brasileiro. E espero que esta justiça sempre cresça e nunca decaia, porque o analfabeto também tem o direito de viver como os que estuda.

Eu gosto de ver uma pessoa estudar, saber aquilo que fala, saber aquilo que responde, saber o que cria, saber aonde vai ponhá a mão, saber aonde tá colocando a cabeça. O analfabeto pode ainda muita vez cair do cavalo. Por muita inteligência que ele tenha. Mais eu acredito que ele pensando um mês, não vai cair do cavalo muito fácil.

José foi opinando, falando pausado, os olhos semicerrados, diante da platéia atenta dos filhos menores e da mulher com o bebê de meses no colo. Sobre os políticos em geral, sua descrença e sua crítica afloraram como uma mágoa sufocada no peito:

Aquilo que tá na mão do político, não tá na mão da gente. A gente precisa do político e o político também precisa da gente. O político não vive sem nóis e nóis não vive sem o político. Agora, o que a gente precisa do político, nóis não tem, e o que o político precisa de nóis, ele tem: o voto.

Os político são bem distante. Eles só vem atrás do voto. O único prefeito que veio aqui, que deu valor à pobreza, foi o prefeito Antônio Belinati. Eu disse pra ele: Seo Antonho, se o senhor candidatar pra governador, conte comigo. Vou trabalhar, vender os fio de cabelo da cabeça pra trabalhar pro senhor.

Não só eu voto nele se ele vortá a candidatar pra prefeito, como toda minha família. Porque ele demonstrou o que a comunidade precisava, o que a comunidade sentia e sente até hoje. Tem nego que diz que se fosse Belinati nóis num tava passando por essa. Esse que tá aí (o atual prefeito), todo mundo diz: Tomara que saísse. Ninguém pode falar com ele na prefeitura que ele se acha mais importante que o presidente da República. Aqui ninguém pode falar com ele que ele vai se esconder. Eu quis falar com ele esses dia, mas não cheguei a falar. Cortaram minha asa, pois é como se diz: pobre não tem vez. A vez do pobre é, como eu digo, é só no voto. Nunca me deram lado. Mais eu espero ainda pra falar com ele. Eu quero dizer assim pra ele: Olha, Seo Wilson, eu não lhe dei o voto. Mais milhares lhe deu. E esses milhares que lhe deu o voto tão arrependido. Eu não tô porque não lhe dei. Porque se eu tivesse dado, também tava arrependido. Eu acho que o senhor, pra crescer, tem que abrir os braço pra comunidade, e não cruzar os braço pra comunidade.

Eu acho que nesse período que ele tá na prefeitura, tá pra receber todo o mundo, olhar pra queles que precisam, fazer o possível e não massacrar. Que ele tá é massacrando. Ele tá espremendo de poquinho em poquinho. E não quer que ninguém tenha nada. O pobre não é pra ter nada. O pobre é só pra ter cacetada nas costa.

Já o governador José Richa, inclusivamente, pelos tempo que ele tá lá, alguma coisa ele tem feito. Muito ou pouco, ele não tá esquecendo. Mas pra fazer como ele devia fazer não tá não. Aqui pra Londrina os benefício é muito pouco e muito choradinho. Sei que ele arrumou uma verba aí pra dividir pruns par de lugar. Mais como governo de Estado, ele tinha que olhar para o povo e situar aqueles que tão necessitado pra poder fazer crescer o pão de cada dia pra milhares e milhares de pessoas. Se o governo não olhar para o estado, se não quer fazer um meio de ajudar o estado, se não quer fazer o estado progredir para o dia de amanhã existir fartura, com sobra pra transportar pra outros estados, aí não vai. Tem de cair.

Com relação ao presidente José Sarney, José dá umas dicas de como bem governar:

Pra melhorar a vida da gente, o presidente tinha de acompanhar todos os detalhes como deixou o presidente que ia ser Tancredo Neves. Porque, justamente, Tancredo Neves a gente já conhecia de há muitos e muitos anos. Ele lutou sem demonstrar a ninguém a vontade e a sede que ele tinha de dar o conforto a toda a comunidade. E era isso que ia fazer. E esse conforto ele deixou por escrito pra José Sarney cumprir. Se ele cumpre, ninguém sabe, mas com fé nóis tamo esperando.

Com habilidade e cuidado, malandragem e humor, Mata-Sete também discorreu sobre a classe política:

Eles tão na deles. Quem tá em cima tem medo de cair. Quem já tá deitado não tem medo de cair porque já tá deitado. Quem tá em cima, e que tá com a mamadeira na boca, não quer sair. Eles tem todos os direitos de procurar os melhores meios pra que eles nunca despenquem, nem nunca caiam. O que eu acho neles é que são pessoas apreparadas, inteligentes mas que estão longe de fazer alguma coisa pelo nosso Brasil. E, quando um quer fazer, as câmaras já seguram. Isso vem de longe. É o causo dos estudados estudarem para se apreparar em para estarem sempre com o poder na mão. Isso não é d'agora. Mais na época das eleição, todos os candidato vem como os anjo do céu.

Indagado sobre as administrações do atual prefeito, do governador e do presidente, respondeu:

Olha, minha irmã, sobre quem já está no poder, eu não tenho quase nada a falar, viu? Uma coisa que eu como presidente do Jardim Nossa Senhora da Paz, eu não posso falar, porque preciso muito do apoio deles. Embora que já seja devagarzinho, embora que seja tirando assim... mas eu não posso... Vamos güentá. Não adianta gemer porque já estamo com o prego no pé, e seja como Deus quiser.

Ele tá bom, tá bom. Fez uma escola pra nóis. Tá sempre dando o apoio. Mais é como eu falo pra senhora, vamo deixar como está, pra ver como é que fica, e seja tudo como Deus quiser.

O governador, Dr. José Richa, se não está fazendo um bom governo pra mim, mais tem muitos aí dizendo que está. É uma coisa muito difícil que a gente fale deles. Porque às vezes pra mim não fez nada. Se eu disser que já fez, estou mentindo. Porque eu sou a crasse do bóia-fria. Esses nunca vai receber nada. Mais quem sabe lá se os industrial, os fazendeiro, os que tem empresa de ônibus, os que tem lá alguma coisa, esses não tão recebendo? Agora eu, no meu papel, presto todo o meu respeito pra ele, mais eu quero ver ele ser homem pra dizer amanhã ou depois, quando ele sair, dizer assim: eu fiz alguma coisa pelo agricultor pequeno, para o afavelado.

Muitos coitado tão jogado nas fazenda por aí. Pra esses não vem nada. Às vezes vem pros grande. E quando vem, eu não vou ficar sabendo. E pra eles nunca vai faltar. Se tudo fosse bem repartido, não ia empobrecendo as pessoas cada vez mais, e outros se levantando desmasiadamente.

O presidente José Sarney é impulsionado, empurrado por muitas organizações. Ele num é sozinho. Tem os deputados, os senadores, e muitas empresas internacionais, e muitas e muitas coisas. Ele é um homem que se vê muito impulsionado. Mas pra ele fazer pra essa turma, é fácil. O duro é pra fazer pros bóia-fria e pros operário. Tem o ordenado, que é assim um ordenadozinho de passar fome, que não dá nem pra 15 dias do mês, com tudo que subiu. Quando sobe esse ordenado, as mercadoria sobe dez vezes mais. Então o trabalhador hoje, em vez de ter alegria no dia do pagamento, ele tem é tristeza. Antigamente nóis tudo se alegrava. As criança se alegrava e dizia: meu pai vai receber. Hoje em dia, o pai já vem de lá é brabo, chutando frango, galinha, o que achar na frente, porque aquele dinheiro num deu pra cobrir aquilo que ele gastou no mês. Fica um homem sem crediário, desmoralizado na vida dele, desmoralizado perante todo o público. E não é porque quer. É porque o ordenado dele não é suficiente. E pra melhorar um pouco, tinha que ter uma reforma agrária.

Morador do mesmo bairro de Mata-Sete, Francelino José Bento, conhecido por baiano, por ter nascido em Bom Jesus de Poções, Bahia, não faz muita idéia de sua idade que disse ser "mais ou menos" 59 anos. De um branco encardido, figura esquelética, agita muito os braços ossudos enquanto fala com desenvoltura, aproximando-se excessivamente do rosto de seu interlocutor para responder perguntas, cujas respostas são literalmente cuspidas, geralmente dentro do ouvido alheio. Analfabeto, aposta que está para nascer aquele que o passe para trás nas contas. Sua trajetória é a mesma de quase todos os entrevistados, de fazenda em fazenda, até se fixar em Londrina, onde vive há 11 anos. Declarou que sua profissão é "lavoura", mas que na cidade vive de catar papel e fazer sabão. Daí seu apelido: Baiano do Sabão. Os filhos o ajudam, porque afirmou não conseguir ganhar nem um salário mínimo por mês:

> *Olha, eu vou fazer uma base pra senhora, que pode escrever e sortá no mundo. Eu cato papel e mexo com meu sabão, e se as fia não ajudar, eu mais minha véia não come.*

Essência da malandragem, Baiano do Sabão na realidade omite seus ganhos reais, como de resto qualquer entrevistado normalmente omite, seja de que classe social for. É que, apesar de sua evidente miséria, Baiano aufere mais proventos do que os do papel que cata ou do sabão que faz em enormes tachos que exalam um cheiro nada agradável. Isso porque, quando o então prefeito Antônio Belinati, urbanizou e dividiu em lotes a favela hoje bairro Nossa Senhora da Paz, coube a cada morador um terreno, doado pela prefeitura, mas Baiano conseguiu a façanha de ganhar não um, mas quatro terrenos, alegando que os outros caberiam a suas filhas tão necessitadas quanto ele. No seu espaço quadruplicado, ostenta hoje uma casinha razoável, considerando-se o padrão das demais. Inclusive, é bem maior que as casas populares, construídas num setor do Nossa Senhora da Paz, por reivindicação de parte dos moradores. Além de uma bela horta, ramificações da casa do Baiano tanto podem abrigar suas filhas quanto inquilinos que propiciam uma renda extra no final de todo mês ao saboeiro.

Quando se pergunta ao Baiano qual a sua religião, a curiosa definição que vem, à guisa de resposta, pode ser também tomada como um parâmetro de avaliação de uma ética da malandragem que é na verdade escudo, ginga política, virtuosismo, no caso daqueles cuja sobrevivência pode depender do exercício constante das artes da malandrice:

Olha, menina, eu só creio em Jesus e na Virgem Maria e mais nada. A Iemanjá ali do quadro é propaganda de minha véia. Agora, aquele quadro do Sagrado Coração e Nossa Senhora, eu sonhava com ele. Eu fui a São Paulo para buscar um quadro daquele.

Eu só benzo o meu corpo pra deichá. Rezo o Pai-Nosso e Ave Maria, e do mesmo jeito, a hora que eu levanto. Agora, quando eu chego aqui (sala onde estão os quadros e vários santos, numa ostentação evidente de sincretismo religioso, com símbolos do catolicismo e da umbanda se misturando), *eu benzo meu corpo olhando pro santo.*

Olha, eu assisto o pastor. Eu vou passando de carreira e paro e presto atenção. E, se eu ver o padre rezando a Santa Missa, eu ajoelho. Que sei que tudo é fiu de um Pai só. E cada um segue da volta que quer. Eu quero muncho bem o crente, quero muncho bem o católico, quero muncho bem o negrinho, quero muncho bem a menina branca, a veinha que tudo é minhas comadre, minhas avó. As crianças tudo eu quero bem. Minha religião é boa, né? Não desejo mal a ninguém. Eu quero bem a todo mundo: preto, branco, rico, pobre. Quando eu quero eu distampo minha boca e digo: Ó gente, me socorre que eu tô apurado.

Dos cinco filhos vivos do Baiano, apenas um é homem. Quando lhe perguntei se os filhos estudam ou estudaram, ele respondeu:

O meu filho estudou toda a vida. Até os 18 anos de idade, estudou.

Até que ano da escola ele fez?, perguntei de novo, e, desta vez animada, pensando que o rapaz havia concluído o 2º grau.

Não fez nada o sem-vergonha. Sempre ficou no primeiro ano até os 18 anos, respondeu Baiano, provocando risos gerais dos que na sala assistiam à entrevista.

Sobre votar, afirmou que nunca o havia feito, apesar de explicar com evidente orgulho que sempre foi um cabo eleitoral muito requisitado pelos políticos, já havendo trabalhado com afinco em muitas eleições. Mas, como agora, vai poder votar, e tem muita vontade de o fazer, assumiu com clareza a sua postura diante da "compra" e "venda" do voto:

Agora, nessa eleição, se tiver uma pessoa que me calçar numa ajuda, eu vou fazer uma campanha valente. Quem é que não gosta de dinheiro? Mais o voto vai mesmo é pra quem ajudar a gente de verdade.

Como qualquer mortal, Baiano tem suas preferências por políticos que o ajudaram pra valer, não apenas durante a campanha, mas no decorrer de suas gestões. Cuidadosamente elogiou do prefeito ao governador, e pediu com ares desconfiados para encerrar o assunto sobre políticos.

Plácida e comedida, Maria Marinhos da Silva, 43 anos, nascida em Cafelândia, São Paulo, mora num conjunto habitacional. É mãe de quatro filhos e deve ter sido uma moça bonita, com sua tez morena e seus olhos esverdeados. Analfabeta, sem saber ler, escrever e nem mesmo assinar o nome, disse que faz algumas contas de cabeça. O marido é ensacador e às vezes consegue tirar mais que um salário mínimo por mês, fazendo hora extra. Um filho de 17 anos trabalha como mecânico e ajuda na renda familiar, apesar de que não chega a ganhar um salário mínimo. Maria está em Londrina há 10 anos. Afirmou ser católica, com a ressalva de que gosta mesmo é de ir numa "igreja de crente" Só o Senhor é Deus. Contente ao saber que o analfabeto já podia votar, exclamou:

Isso é sinal que a gente já é alguma coisa. Isso é mais um passo pros que estão embaixo subir.

Essa mulher simples, dona-de-casa, também tem sua opinião formada sobre os políticos:

Os políticos hoje prometem tudo de bom. O povo vota neles e depois eles não cumprem nada. Na hora de pegar o voto eles faz mil e uma promessa. Depois que eles ganha, que eles tão lá em cima, eles passa perto de quem votou neles e faz de conta que nem vê. É como o governador (José Richa). Ele só passa por nóis de avião, lá em cima. Agora, o que eu gostei, que foi prefeito de Londrina, foi o Antônio Belinati.

No mesmo conjunto habitacional, outra mulher se expressou sobre política e políticos, com lucidez e desinibição, apesar da idade de

76 anos e de ser completamente analfabeta. Trata-se de Maria Pereira dos Santos, nascida em Areias, Bahia, e que reside em Londrina há 22 anos, tendo antes feito sua trajetória pelo meio rural. De cor morena-clara, cabelos totalmente brancos, aquela avó, de figura miudinha, parecia ostentar sobre o corpo curvado como que o fardo de uma vida inteira de dificuldades, de pobreza, de trabalhos intermináveis. Ao mesmo tempo, num contraste com sua aparente fragilidade, dispunha de uma energia transbordante, canalizada por uma alegria imbatível, que dela emanava na graciosidade da prosa, no riso fácil, no trato carinhoso e afável. Com aquele jeito todo seu, desfilou seus ídolos:

Se eu pudesse, um que eu ia dar o voto, era para Luís Carlos (Luís Carlos Alborghetti, o Cadeia). Não conheço o Cadeia, mais eu adoro. Todo o dia é ele e Sílvio Santos que eu não posso perder. O povo fala do Cadeia isso e aquilo, mas ele só fala a verdade. Ele faz aquela baboseira, mas aquilo é a natureza dele. Eu adoro ele. Eu ainda quero conhecer ele.

Buscando na memória, diz ter conhecido Getúlio Vargas:

Conheci a pessoa dele. Enquanto ele era presidente, as coisa tudo era boa.

Luís Amâncio Alves, 60 anos, o mesmo tipo físico de José Marinho Ferreira, nascido em Campo do Brito, Sergipe, sabe apenas assinar seu nome, mas sempre votou e gosta de votar. Era carpinteiro e pedreiro; hoje, aposentado, trabalha como guarda urbano. Com a aposentadoria, consegue receber, mensalmente, quase dois salários mínimos. Achando que os analfabetos conquistaram algo de bom por causa do título como documento, ressalvou que, realmente, o analfabeto só pode eleger mas não pode ser eleito. Com a cautela malandra dos demais entrevistados, opinou sobre os poderosos:

Deputado nem senador, não conheço. Não posso julgar. Vereador, tem muitos bom. E presidente, o Seo Figueiredo foi um bom presidente, eu acho. Agora, esse que entrou, se, por um acauso, ele cumprir o que está falando, eu não sei não, mas parece que vai ser melhor do que o Figueiredo, um pouquinho.

Dos prefeito, acho que o prefeito Antônio Belinati fez muito movimento aqui em Londrina. Ele trabalhou. Foi um bom prefeito.

Dos vereador, o Cadeia (na ocasião da pesquisa, Luís Carlos Alborghetti era vereador) *é um bom vereador. Conheço também, pelo rádio, o Antenor, o Roberval, e aquele baixinho, o Siqueira Martins. O resto, eu não conheço.*

Agora, a gente vota porque é obrigado a votar. Mais esse pessoal da política só conhece a gente na época de eleição. Com exceção de Seo Antonio Belinati.

O governador José Richa até que num tá fazendo feio. Agora, pra Londrina, num sei dizer o que ele tá fazendo não.

Agora, Getúlio Vargas foi o presidente do mundo, o pai da pobreza. Aquele nem era presidente, aquele era pai da pobreza.

O Tancredo no lugar desse que tem agora, José Sarney, eu achava que as coisa iam ser melhor do que é agora.

Dona Maria, tem também uma coisa: não ligo pro partido. Eu gosto daquela pessoa que eu vejo que tem amor ao próximo, que entra lá e que vai trabalhar pelo bem-estar da pobreza. Ninguém tem estrela na testa, mais a gente, assim com o olhar, vê que aquela pessoa pode melhorar.

Sobre o que o presidente deveria fazer para melhorar a situação dos brasileiros, Luís respondeu:

O que eu achava que ele podia fazer, é como tá esse negócio da reforma. Quem quisesse ir pra roça, fosse. E ponhá indústria na cidade pra dá emprego pra população.

Em meio a sua fala, Luís Amâncio revela o lado moderado, pouco revolucionário, característico do brasileiro em geral, que tanto atormenta às vezes as esquerdas, sequiosas, como qualquer facção política, do poder difícil de alcançar com o apoio do "proletariado":

Mas não tá certo tomar as terra dos fazendeiro. E num basta só dá terra. Sem ferramenta, sem semente, sem nada, sem crédito, que é que eu vou fazer? Morrer de fome?

Eu, no meu eu, penso que o governo que tem de dar a terra e tem que fornecer o necessário um ano. Dentro daquele ano a pessoa terá que produzir.

As opiniões sobre a reforma agrária foram dadas com entusiasmo, com emoção, mas ao mesmo tempo com ponderação nas soluções apresentadas, o que não descartava uma certa revolta latente, cujo potencial, sem dúvida, é aproveitado pelos que manipulam os movimentos dos chamados sem-terra. A reforma agrária foi um dos temas que mais entusiasmou os entrevistados, misto de sonho e de esperança. Sobre esse sonho, assim se manifestou Mata-Sete:

Pro presidente ajudar mesmo, tinha que fazer a reforma agrária, que o pessoal tá tudo amontoado nas cidades grande, nas cidades pequena. Se tirasse metade do povo pras partes da agricultura, ia ficar bom no comércio. Não tinha a concorrência de ter 10 emprego e 20 empregado. Dez família pra lá já é 10 vaga que fica aqui na cidade. Vai 20, já é 20 vaga que fica. Mais naquelas 10, vamos suponhá, que 5 pessoa trabalha em 10 família, e já é 50 vaga que fica. Então nós tamo é muicho embolado. Tivemo nas colônia dos rico, caímo nas margens das cidade pra dar trabalho pra sociedade, onde nós podia tá dando era vida pras pessoa. Que é da lavoura que a gente produz. É da lavoura que a gente sustenta a cidade. Mas tamo passando vergonha prus outro, tirando o sossego dos outro.

O Cadeia tava falando que roubaram a casa de uma mulher e levaram 100 mil só em ouro. Quem que faz isso? É muicha embolação e condições de vida pra uns e mau condições pra outros. Então, agora, nem que ponhá em cada poste um pelotão de polícia, não dá pra tirar a violência das margens da cidade, porque a fome estando muincha, não tem sobrevivência, não tem jeito, o nego enfrenta bala, enfrenta tudo, e a polícia é quem se desmoraliza, e quem corre risco é as pessoa que veve nesta cidade.

A gente, como analfabeto, sabe disto aí. E eles querem dizer pra nós que eles não sabem disso? Eles sabem. E por que não vamos trabalhar para que a gente possa fazer um pessoal mais bem tratado, mais com poderes melhor para que a sociedade tenha mais paz e mais sossego? Eu mesmo não tenho o que temer. Porque não tenho nada. E, agora, os meus irmãos que tem uma possibilidade melhor, nós não podemo sentir por eles também? Pode. Então isso aí é uma luta que não é só do que tá com o espinho no pé. Também a população maior devia também empenhar nisso aí, que é pra que ficasse os fiu deles com mais vida, e as famílias com mais segurança. Porque, não é a polícia que segura a vida. Quem segura nós é Deus e condições de vida para todos. Se não, nós tamo numa guerra sem ter guerreadores. Porque os guerreadores são todo aqueles da hora da meia-noite, da hora do meio-dia, a hora do tudo, quando você tá sendo assaltado por causa de uma corrente de ouro. As mulher tão sendo atacada no meio da rua por causa de uma correntinha.

Também Anísio Camilo falou com gosto sobre o assunto:

O negócio era ter a reforma agrária. Ver as propriedades de quem quer negociar. O importante é a terra pra trabalhar. Se tiver a reforma agrária, eu vendo essa casa. Eu não tenho nem um mês atrasado (ele se referia à prestação de sua casa popular). *Se me dá a terra, eu devolvo essa casa. Porque eu sei que eu sozinho toco três alqueire na enxada. Se me ajudar, necessidade eu não passo. E sei que trago arroz e feijão pra vender pro pessoal na cidade. Com a reforma agrária, acaba esse negócio de perdição, de tá sem serviço, de tá desempregado. A pessoa que tem três alqueire de terra não tem precisão de sair pedindo. Eu, adispois de um ano dentro de minha terra de reforma agrária no sítio, eu não vou pedir pra ninguém. Eu já tô calçado. E quem tem aquelas propriedade, não tá gostando mesmo desse assunto de reforma agrária. Quem tem propriedade grande. Pois, justamente, quem vai trabalhar pra ele? Ele mesmo vai ter que trabalhar na terra dele. Ele não tem prática. Será que o tratorista vai largar mão de dirigir o terreno dele de reforma agrária pra trabalhar de tratorista dos outro? Então, justamente, as pessoa que tem esses grande terreno, eles não tão gostando da reforma agrária, que isso aí prejudica eles. As pessoa fraca num vão querer trabalhar de empregado, cada um vai trabalhar pra si. É a mesma coisa assim: teve a princesa Isabel, agora tem o Isabel princeso. É a liberdade. Uma liberdade pros pobre. Agora, tem de dar a terra e a assistência. Mais não é tomar as terra dos fazendeiro. Eles tão querendo negociar com os fazendeiro. A terra do campo é um preço. A terra que tem residência de fazenda, é outro, etc. Eles vão pagar. Eles não vão tomar do fazendeiro. O fazendeiro vai receber o dinheiro daquela fazenda. O governo tá comprando a terra dele pra lotear. E nóis também vamo pagar essa terra. Nóis não tamo ganhando essa terra que é da reforma agrária. Nóis vamo pagar ela pro governo.*

No mesmo conjunto habitacional Novo Amparo, onde mora Anísio, reside Maria Sebastiana Alves, 54 anos, cor negra, natural de Alfenas, Minas Gerais, já há 22 anos em Londrina. Quando o conjunto ficou pronto, no lugar da favela do Amparo, Sebastiana deu um enorme trabalho. Entrou na casa errada, fez sua horta e jardim, e depois não quis mais sair. Foi mais fácil alterar o contrato das casas trocadas, do que convencer Sebastiana a se retirar do seu "lar doce lar". Sempre temida por sua valentia, e outras artes que se não chegam a ser vodu se impõem pelo temor que inspiram, Sebastiana participa ativamente da vida de seus vizinhos, pertencendo, inclusive, à associação de moradores daquele aglomerado de 369 famílias. Analfabeta, disse que para escrever seu nome alguém tem de pegar sua mão para auxiliá-la. Não tem profissão definida. Já trabalhou muito na roça. Agora, só cuida de sua casa. Os filhos a ajudam a sobreviver, mas disse que o que deles recebe não chega a um salário mínimo. Diante da informação de que o analfabeto já podia votar, observou rindo que agora os políticos podiam ir na sua casa, pois lá está cheio de analfabetos. E se ela nunca votou, conforme informou, achou muito justo que os analfabetos agora possam fazê-lo, mas que não sejam eleitos, pois realmente não teriam condições de exercer nenhum cargo.

Sobre os políticos, a opinião de Sebastiana não é menos rigorosa do que a dos outros entrevistados, com as habituais e honrosas exceções:

Não tem ninguém seguindo conforme o mandamento. Só Seo Antônio Belinati. Aquele homem foi pai. O que aquele homem fez por mim, só Deus pra valer.

Se a malandragem, o humor e a desconfiança se constituem em tipos de defesa, sobretudo para as classes mais baixas, Sebastiana vai às últimas conseqüências na sua desconfiança para com os políticos, pois não poupou nem Tancredo Neves, do qual não esperava nada:

A gente num pode ter confiança em ninguém. A gente já teve confiança em tanta gente aí, e já tomou na cabeça. A gente tem de confiar na gente e em Deus, e mais ninguém.

Essa desconfiança se estende a pessoas que ela denomina "de fora", ou seja, não pertencem a seu "grupo primário" e são de outra classe social. Sebastiana se aborreceu, por exemplo, com estudantes que estiveram no seu conjunto fazendo levantamentos para um trabalho da universidade:

Elas vieram aqui pra falar mal de nossa vida. Elas andaram aí, pra baixo e pra cima com o padre. Aí, o padre veio falar comigo pra perdoar. Eu disse que quem dá perdão é Deus. Já viu gente que come só arroz com feijão perdoar? Elas vieram se intrometer nas coisa que elas não sabe. O povo já tá cheio!

Agora, os padre que andam por aqui, eu não gosto de conversar com eles. Eles são pior que o povo que mora aqui. Gostam muito de fuxico, de conversa. É feio padre viver assim.

Sobre como o governo podia fazer para melhorar a vida do povo, Sebastiana rememorou seu passado e apelou para a reforma agrária:

Eu achava, assim, que eles devia voltar como a gente era pra trás. Arrumar lugar pra plantar, pra trabalhar nas fazenda. A gente tá morrendo na cidade, sem poder plantar um pé de nada. A gente morava no sítio, foi criada na roça, plantando arroz, feijão, criando galinha, criando tudo. Hoje a gente não pode plantar um pé de mandioca. E eles podia fazer. Num faz porque num quer.

Com a reforma agrária, acaba todo o sofrer, acaba o povo semvergonha, acaba a malandragem. Mais num é nada, a malandragem é porque o povo quer mesmo, não é? De fome ninguém morre. Se eu hoje não tenho cedo a comida, de tarde eu já tenho. Essa reforma interessa pra quem já está acostumado a trabalhar. Mais pra vagabundo, não tem serviço pra ele. Vagabundo quer serviço? Qué não. Às vezes, olha o serviço, entra dois, três dias, e depois não quer mais.

Luís Correa de Brito, 67 anos, mulato, nascido em Amparo, São Paulo, é também analfabeto. De profissão encanador, disse que faz qualquer serviço: carpinteiro, pedreiro, armador. No momento da entrevista, estava sem trabalhar por motivo de doença. Um dos filhos estava sustentando a ele e à mulher, trabalhando de forma autônoma como encanador, e ganhando uma média equivalente a um e meio salário mínimo. Sua trajetória de fazenda em fazenda, até chegar em Londrina em 1953, não é muito diferente da dos outros entrevistados. Quanto à opinião sobre os políticos, Luís também abre exceções, mas afirma que, de modo geral, os políticos só "procuram os pequenos na hora do voto":

Os políticos vive pra eles lá. São assim. Agora, quando chega uma eleição, naquela hora que eles quer entrar lá em cima, eles vem tudo em cima da gente que é mais pequeno. Falam: "Olha, fulano, vote em mim, que, quando eu subir lá em cima, eu faço isso, eu faço aquilo." Mais quando ele sobe lá em cima, ele não faz nada. Esquece. Eles só tão perto da gente naquela hora que eles precisa.

Aquele que morreu, o Tancredo, aquele lá, eu não sei não, mas se tivesse o poder de subir lá em cima, como ele publicou, era bem capaz de ele cumprir o que ele falou.

Agora, Getúlio Vargas é que foi também um grande presidente. Morreu em 55. Eu trabalhava numa firma que parou três dias. A firma tinha 400 homens e pagou eles 8 horas por dia sem eles trabalhar 3 dias.

Apesar de seu desencanto e de sua idade, a idéia de votar entusiasmou Luís, que acha importante que o analfabeto vote, pois "é também um brasileiro". Contudo, não se interessa muito por política. Nesse sentido, o rádio e a televisão são para ele apenas meios de lazer. No rádio, sua preferência fica por conta da música sertaneja. Na televisão, o programa predileto é o de Sílvio Santos. Localmente, ouve no rádio e aprecia o Cadeia. Contudo afirmou que não votaria neste, se o mesmo se candidatasse a prefeito.

Outros entr.vistados, além de encontrarem no rádio e na TV uma fonte de divertimento da qual não abrem mão, recebem desses meios de comunicação "informações" políticas, para as quais se voltam com interesse e curiosidade. A respeito do assunto, assim comentou Maria Rosa de Souza:

Gosto de ouvir os políticos falando no rádio. Dependendo do político, gosto mais. Na televisão, pra falar a verdade, gosto muito da notícia. E gosto de ouvir os político também.

O prolixo Mata-Sete afirmou ao ser perguntado se gostava de ver e ouvir políticos no rádio e na televisão:

Gosto, minha irmã. Aí eu paro. É as moda e o noticiário. E, sobretudo, os políticos. Se estiver o PDS falando, eu paro tudo pra escutar. Se estiver o PMDB, eu paro. Se estiver o PT, eu paro. Se estiver aquele do Brizola, eu paro pra escutar.

O Cadeia também fala. Ele é que é o mais ligado. Ele fala do que tá acontecendo: de quem matou, de quem roubou. Esse é um programa que mais está sendo ouvido aqui na Vila, como em todo lugar que a senhora passar. Mas não é escutando ele como político que eu gosto. É como reporte.

Na televisão eu gosto da hora do reporte. Não sei por que eu gosto de saber das coisa. Vejo também uma novela, só pra satisfazer minha filha que pede pra eu assistir. É uma tal de novela "Da Gata Comeu". Mais não acho graça.

Agora, eu gosto de ver os político na televisão. E acho que não tem quem não goste.

Sem preferência especial por alguma das rádios de Londrina, Baiano tem opiniões parecidas com as de Mata-Sete:

Se estiver falando como é que tá o presidente, como é que tá os governo, pode ser qualquer rádio, que eu gosto.

Tendo já ouvido no rádio, mas de forma quase acidental, programas de outros vereadores de Londrina, como Antenor Ribeiro, Siqueira Martins e Roberval Belinati, identificando-os mais como radialistas do que como políticos, sua predileção é pelo Cadeia, do qual é ouvinte assíduo:

Esse eu pego todo dia. Eu gosto dele contar os causo.

Na televisão, Baiano ouviu uma das falas do presidente Sarney e gostou:

Está falando bem dos pobre. Ele está pedindo proteção pra amparar o povo desamparado. Aí, quem não gosta?

José Marinho Ferreira confirmou a preferência popular pelo Cadeia:

O mais que eu assisto quase todo o dia, o programa que eu não perco, é o do Cadeia, porque eu gosto de ouvir as notícia que ele dá. Tem gente que fala mal. Eu falo bem. Mas eu ouço não é só porque ele é vereador, é pela bondade que ele vem preparando pra comunidade.

Mas se Luís Carlos Alborghetti é o preferido de José, juntamente com programas de música sertaneja e futebol, destaque-se seu interesse por noticiários e pela fala de políticos que se apresentam em programas radiofônicos:

Eu gosto de ouvir aqueles que fala bem, aqueles que fala mal. Aqueles que está com o povo, aqueles que está contra o povo. Porque de tudo tem. Está misturado. Eu gosto de ouvir, pra quando amanhã ou depois, preguntá, eu dizer: é assim, assim e assim. Eu não vi a pessoa. Mas ouvi pelo rádio.

Na televisão, além de programas musicais, José assiste a políticos quando estes aparecem. Sobre um programa do então governador Leonel Brizola, feito em 85, opinou:

Olha, o Brizola, eu num sei se é impressão minha, eu acho que ele é um homem muito sabido. Mas ele parte mais pelo lado do rico do que pelo lado do pobre.

Sobre um programa do PT, levado ao ar também em 85, e a atuação do Lula nesse programa, José fez a seguinte observação:

Aquele é mais ou menos, porque está tombado mais pra pobreza. Mas é como diz o ditado, aí tem duas coisas pra pessoa pensar. A gente num sabe se ele vai jogar na certa, ou se ele vai ficar em dúvida. Porque esse conhecimento, a gente não tem.

A respeito da alocução do presidente Sarney, na qual o mesmo declarou sua opção pelos pobres, José reagiu da seguinte maneira:

Ouvi tudo que ele falou. Gostei dos pronunciamento que ele fez. Porque ele não dá tanto valor ao rico, como está dando a pobreza. Mas não sei se isso é da vontade dele, ou se será a voz do outro que era pra governar (alusão a Tancredo Neves).

José gosta mais do rádio do que da televisão, mas acredita que, para esclarecer os analfabetos, melhor a TV que conjuga a imagem ao som. Entretanto, sobre a influência da televisão, afirmou com um certo orgulho:

Eu quero uma coisa: na minha cabeça eu vou no que eu quero. Fazer minha cabeça, não. Seja quem for, do partido que for.

Anísio diria uma coisa parecida, especificamente, com relação à Rede Globo:

Eles falam aquilo, mas a pessoa é que vê se entra naquela. Pra entrar tem de gostar da pessoa (referência aos políticos na TV).

Maria Marques de Lucena, 62 anos, tipo cafuzo, nascida num lugarejo chamado Lavras de Mangabeira, no Ceará, vive cuidando da casa e do bar do marido. Analfabeta que nunca votou porque não sabe nem rabiscar seu nome, antes de vir para Londrina, morou e trabalhou em diversas fazendas. A renda familiar de Maria chega a um salário mínimo e meio, segundo o marido, mas provavelmente o rendimento do bar propicia bem mais do que a exígua quantia declarada. Jeito calmo e manso, lenço na cabeça, Maria vai desfilando seus pensamentos com relação aos políticos:

Na hora que eles precisam da gente, eles põe a gente na palma da mão. Depois que está tudo no puleirinho, aí esquece. Nem lembra que a pessoa é viva ou se está morta. Se está precisando, se não está. Aí esquece. Põe uma pedra em cima. Quando eles precisa de novo, eles volta.

Essa mulher simples nunca ligou para partidos políticos, como, aliás, os demais entrevistados, sem exceção. Para resolver os problemas do Brasil, percebe que "o presidente tem de abaixar a inflação". Não prescinde de seu rádio, do qual gosta mais do que da televisão, e que lhe fornece música como entretenimento, através de seu cantor predileto, um cantador de forró chamado Vicente Luís. Na TV, o programa predileto é o do Cadeia:

O Cadeia eu não perco uma hora dele. Eu gosto de ouvir aquelas coisa, porque ele explica muita coisa boa pra gente, e a gente entende, e a gente fica com cuidado. Ele abre bem os olho da gente.

Na televisão, Maria continua apreciando Luís Carlos Alborghetti. assim como noticiários e programas políticos.

Maria do Socorro Silva e Souza, 34 anos, cor negra, nascida em Inajá, Pernambuco, faz parte da longa lista das Marias pobres que, nesse imenso e belo país, nascem e morrem sem quase nenhuma oportunidade de uma vida mais digna. Se os outros entrevistados, todos analfabetos, afirmaram que gostariam de ter tido oportunidade de se escolarizar, essa Maria mostrou sua indiferença sobre o assunto, dizendo que nunca tivera mesmo "cabeça para aprender a ler e escrever". Seu rosto estava marcado por uma tragédia recente: o marido falecera há 18 dias. Ganhava um salário mínimo. Fitando algum ponto com seus olhos parados, como tentando ver um futuro que não existia, Maria, rodeada de quatro filhos remelentos e choraminguentos, o quinto na barriga, já para nascer daí a alguns dias, preocupava-se com o sustento da família, agora inteiramente por sua conta, e imaginava ir trabalhar de doméstica, no intuito de assumir seus pesados encargos. Ela não sabia que o analfabeto já podia votar, mas apreciou a medida, e disse que iria votar por causa do valor do título como documento. Seu único divertimento é o rádio (preferido à televisão), para ouvir música, e o Cadeia, o qual não é "sentido" como político, mas como radialista, como "uma boa pessoa" que faz um programa atraente. Entretanto, votaria nele para qualquer cargo eletivo. Na televisão — que raramente vê — o único programa que também lhe interessa é o do Cadeia.

Esmerina de Oliveira, 38 anos, magra, morena clara, falante e desinibida, veio do interior de São Paulo para Londrina há 15 anos, e mora atualmente numa casinha popular de um conjunto habitacional. Se já teve vários "maridos" e vários filhos, sua renda familiar gira em torno de um salário mínimo, ou seja, sua vida continua imersa dentro do mesmo circuito fechado de miséria, girando em círculos de degradação na qualidade do existir socialmente, o que não lhe rouba uma alegria meio infantil, que explode a qualquer momento em gargalhadas desdentadas e bem-humoradas. Sabendo apenas assinar o nome, já votou duas vezes. Numa dessas eleições, contou que um candidato a vereador, num trabalho insano de paciência, cabalou seu voto e lhe ensinou a votar nele. Na hora H. Esmerina votou em outro candidato a vereador, conforme "seu coração pediu". Não dispensa seu radinho de pilha. Não deixa de assistir aos noticiários na televisão. Em ambos os meios de comunicação, não perde os programas do Cadeia de quem é fã, e a quem já foi pedir ajuda na Câmara. Segundo Esmerina, Alborghetti lhe atendeu muito bem, ao passo que a respeito de outros vereadores sua opinião não é das melhores:

Tem uns lá que tem cara muito feia e não liga pra ninguém. Só liga naquela hora que precisa do voto. Já o Luís Carlos, não. A gente pode estar no meio de 50, a gente chegou, ele vem atender a gente. Ele atende mesmo sendo um pobre. Eu precisei dele, ele atendeu. Mais tinha uns políticos lá com umas cara muito feia.

Esmerina lembrava de Tancredo Neves, tendo chorado sua morte, mas não soube dizer o nome do atual presidente da República, apesar de afirmar que gosta de ouvir "A Voz do Brasil".

José Martins, 41 anos, mulato claro, nascido em Montes Claros, Minas Gerais, na época da entrevista tinha achado uma maneira pelo menos espaçosa de morar e com a vantagem de ser gratuita. Numa imensa casa de construção inacabada, e que jaz abandonada num dos melhores e mais elegantes bairros de Londrina, lá estava ele com sua mulher — a segunda, conforme declarou —, grávida, rodeada de três filhos pequenos, além de mais três famílias que com eles dividiam os imensos cômodos sem piso e sem janelas e sem portas colocadas. No que deveria ser a sala de estar, mas que sem a parede da frente, assemelhava-se mais a um varandão dando para a rua, fui recebida por todos os habitantes do casarão abandonado. Enquanto conversávamos, sentados nos caixotes à guisa de cadeiras, vendo os carros passando naquela tarde ensolarada e atraindo os olhares curiosos dos transeuntes para tão seleta reunião, eu me sentia como num filme de Fellini. Contudo, o cenário nada mais era do que o da mesma e conhecida miséria, que não existiria não fosse a ignorância de governantes e governados.

Mal sabendo assinar seu nome, José Martins, bafo acentuado da mais pura caninha, olhos semicerrados, declarou que já havia votado quando existia a ARENA e que seu patrão, na fazenda onde na ocasião trabalhava em Minas Gerais, tinha tirado o título para ele. De profissão se disse lavrador no campo, e carpinteiro e pedreiro na cidade. Entretanto, trabalhava como guarda urbano e nas horas vagas recolhia jornais e garrafas para vender, conseguindo com isso uma renda um pouco superior a um salário mínimo.

José Martins gosta de votar e gosta de política. Achou acertadíssima a medida que legalizava o voto do analfabeto. Perguntado por que gostava de votar, respondeu com sua fala arrastada:

A gente tem os vereador que é chegado com a gente. Então a gente dá apoio pra eles. Que nem o Seo Luís Carlos. Um grande vereador. Ele já deu até dinheiro pra mim, esse Seo Luís Carlos. Muitos vereador e muitos deputado prometeram mas o que eu estou vendo fazer é só ele. O Antenor Ribeiro também é muito bom. E tem o Siqueira Martins e o Roberval Belinati.

Sobre o atual prefeito, José Martins declarou que "numas parte ele está bom e noutras não, porque esqueceu da promessa de arranjá emprego pro povo".

Quanto à reforma agrária, José é contra tomar "na marra" as terras dos fazendeiros, entretanto, afirmou que, se o governo distribuísse suas terras, ele ia correndo para conseguir alguma.

No lugar onde morava, rodeado de feéricas iluminações que faziam rebrilhar piscinas, quadras de tênis, jardins, ou recortavam na noite janelas e portas de onde saíam sons, perfumes, odores culinários, risos e todas as manifestações próprias do cintilar da riqueza, José Martins, sem instalação elétrica, tinha suas velas e seu lampião. O casarão abandonado em meio às mansões habitadas compunha o contraste naquela rua do país do contraste. Sem poder ter sua televisão, contentava-se José com seu radinho de pilha que lhe fornecia música sertaneja, futebol, noticiário e, como não poderia deixar de ser, o indefectível programa de Seo Luís Carlos, o Cadeia.

Sobrevivendo a duras penas, recebendo comida de caridade que uma entidade filantrópica deixava na mansão da miséria, José Martins, que sendo ainda um homem relativamente novo e de compleição robusta, não parecia ter grandes inclinações para o trabalho, refutou com certa veemência a possibilidade do seu voto ser comprado:

Eu voto é em quem eu quero. Naquela pessoa que beneficia a comunidade. E pra mim importa é a pessoa, e não o partido.

Maria de Lourdes Vilas Boas, 50 anos, cor clara, nascida em Poços de Caldas, Minas Gerais, renda familiar equivalente a dois salários mínimos, residia na época da pesquisa num conjunto habitacional. De Londrina, já tinha 30 anos. Quando solteira, passou por vários lugares com sua família, todos trabalhando no meio rural. Sem saber ler ou escrever, e sem nunca ter votado, Maria de Lourdes ficou contente ao saber que o analfabeto já podia votar. Para ela, o valor da novidade residia no título como documento e não no ato de votar em si.

A respeito dos políticos, achava que os que não cumprem as promessas de campanha são a maioria, mas não tinha quase nenhuma informação do que se passava de modo geral, pois não possuía nem rádio nem televisão. Como disse Maria de Lourdes: "Estou fora do ar". O motivo de não ter esses meios de comunicação não se devia à sua pobreza, mas a convicções religiosas. Segundo afirmou o marido, Jorge Vilas Boas, adventista, como de resto toda a família: "rádio e televisão são ídolos". Essa "crença" reduzia de tal modo as percepções de Maria de Lourdes, inclusive comparando sua maneira de avaliar a política com relação aos demais entrevistados, que ela teve dificuldade de se lembrar do nome do governador — na ocasião, José Richa —, de Tancredo Neves e do presidente José Sarney. Seu marido, um paranaense com jeito de índio, mais instruído do que a mulher, pois conseguia assinar o nome, falou o tempo todo com a entonação, o tom e a empolgação de quem estivesse pregando num templo diante de sua seita. Apesar de obcecado pela religião, o único assunto que parecia lhe dar prazer, admitiu sua admiração por Getúlio Vargas. No seu entender, "Getúlio amava o próximo". Lembrava-se também de Juscelino Kubitschek, "um grande presidente". Considerava o governador José Richa, "uma pessoa muito distinta". Respaldando sempre o seu pensamento em " profecias bíblicas", terminou sua entrevista opinando sobre o comunismo:

O comunismo é um encerramento entre todas as leis. Vai acabar com as liberdades dos povos.

Assim, um por um dos filhos pobres da rica filha de Londres responderam de forma espontânea às 65 perguntas que lhes foram feitas. Iletrados sobrevivendo a partir de níveis mínimos de condições de alimentação, saúde, habitação, transporte, justiça, lazer, tudo aquilo, enfim, que torna a travessia de uma vida humana mais fácil. Supersticiosos, místicos, cheios de humor, desconfiança e malandragem, eles indubitavelmente já não são mais o "eleitorado das grotas" citado por Victor Nunes Leal. Tampouco podem ser enquadrados em versões revolucionárias de matiz marxista, em que pese o fato de que, como integrantes da maior parcela da massa que vive em condições muito abaixo da linha de consumo desejável, dispõem na sua essência de um enorme potencial de violência. Essa violência é ativada pelas condições de privação e acentuada pelo contexto urbano, onde os meios de comunicação — rádio e televisão — e o contraste marcante entre riqueza e pobreza estimulam as percepções e as aspirações não satisfeitas.

Getúlio Vargas, Tancredo Neves foram os mais citados pelos entrevistados desta pesquisa. Como numa dimensão maior da história, aqueles pais da pátria fundiram nas memórias as saudosas glórias do passado e as emoções mais recentes, e se converteram nos elos que fazem a ligação entre governante e governados, entre Estado e povo, entre elite e massa.

No presente, prevalece a descrença geral com relação aos poderosos, a opinião cautelosa sobre o poder, a esperança num futuro líder, a malandragem na obtenção de favores, o conhecimento e o reconhecimento com relação a alguns poucos políticos do âmbito "paroquial". Entre os ídolos do entorno imediato se destacam, como se viu através das entrevistas aqui transcritas, em primeiro lugar no "coração" dos filhos pobres da rica Londrina, Luís Carlos Alborghetti, o Cadeia, seguido pelo ex-prefeito e atual deputado estadual pelo PDT, Antônio Belinati, ambos radialistas. Foram também mencionados, mas de forma bem menos efusiva e acentuada, vereadores que atuam no rádio como Siqueira Martins, Roberval Belinati (irmão de Antônio Belinati) e Antenor Ribeiro.

O pastor e vereador Gerson de Araújo, apesar de ter mantido um programa de rádio que se iniciou um pouco antes da campanha eleitoral e se estendeu ao longo da mesma, não foi mencionado por nenhum dos entrevistados. É que sua faixa de audiência não englobava a pobreza propriamente dita. A linguagem e o tipo de programa do pastor-vereador não lograram alcançar aquelas faixas da população, onde a mensagem para ser captada e transformada em votos tem de se enquadrar num tipo de harmonia cognitiva específico.

O deputado federal Hélio Duque, que se reelegeu pela terceira vez pelo PMDB, foi também pouco mencionado. Sua força eleitoral não está ligada às camadas mais pobres, mas às classes média e alta. Não deixa, porém, de ser conhecido entre a pobreza extrema, graças à atuação que teve no rádio e em programas de televisão, apesar de não ser radialista profissional. Hélio Duque sempre escreveu também para o jornal *Folha de Londrina*, como colaborador, atingindo as camadas intermediárias da população.

Disso se depreende que não basta realmente ter acesso ao rádio e à televisão, mas se deverá saber usar esses poderosos instrumentos que possibilitam a política eletrônica dos dias de hoje, para se alcançar a imensa maioria composta pela massa da miséria. Esta selecionará pelo voto aqueles que seu "coração" mandar, o que significa, em última instância, os melhores atores do *show* do poder.

Conclusão

Ao final deste ensaio, chega-se a certas conclusões que, sem serem exclusivas, acabam por conduzir a uma auto-análise de nossa sociedade em que todos nós nos tornamos sujeitos das teses aqui apresentadas. Conjugando interpretações de ordem histórica, cultural, econômica, política, sociológica e psicológica, basicamente objetivou-se um estudo de massa, com ênfase numa abordagem política. De tudo, aflorou, como resultado, a questão de uma mentalidade, forjada desde as origens coloniais, e que hoje ainda guarda as marcas da hereditariedade.

Inútil, porém, querer atribuir a culpa de tudo a fatores externos relacionados à dominação capitalista, ou mesmo à ação isolada do Estado. Na verdade, todos nós compactuamos com um sistema implantado desde seu início de forma malandra. Nas raízes lusitanas, o culto ao ócio abençoado, avesso ao esforço metódico, o jeito, a festa, o atraso. E, no atraso das matrizes étnicas, some-se a poderosa e nefasta influência da Igreja da Contra-Reforma e da Inquisição.

Dentro de tal sistema, a massa da miséria sofre as mesmas influências passadas e presentes que nunca fizeram e não fazem de nosso povo um "povo guerreiro". Os mais pobres, como os mais abastados, geralmente aspiram a partir de suas necessidades peculiares, com a mesma voracidade nunca saciada, facilidades preferivelmente alcançadas por esperteza ou doação de alguma autoridade paternal. É que não temos de modo geral o sentido da conquista no tocante ao esforço pessoal, não nos faltando, porém, a capacidade predatória. Não sabemos na maior parte das vezes exercer o poder, mas tão-somente nos beneficiar do poder. Não temos senso das medidas, sendo capazes de passar de um extremo ao outro sem avaliar as conseqüências de nossos atos. Afetamos cordialidade, mas sabemos ser violentos. Imitamos com facilidade, nos deixando levar por modismo. Simulamos democracia, mas somos autoritários. Preferimos sempre culpar alguém ou algo para nos eximirmos de nossas responsabilidades. Abusamos da liberdade, em vez de usufruí-la. Convivemos com um Estado corrupto e inepto, por nosso comodismo.

Naturalmente, como afirmei várias vezes, existem exceções. Gente humilde que é trabalhadora e honesta. Lideranças que, ultrapassando visões paroquiais, se agigantam na tentativa de romper com o ranço da mentalidade antiprogressista. Empreendedores. Elites intelectuais. Temos nossas aristocracias significando *aristoi*: os melhores. Não são estas contudo capazes, no momento, de preencher a lacuna entre a classe dirigente e a massa, no sentido de romper com a mentalidade do atraso.

No presente, prevalece um estado de profunda perturbação, mal-estar e frustração diante das medidas governamentais. Acentua-se o descrédito perante a classe política que, no Congresso Nacional, transformou o anteprojeto da Constituição na aberração de uma multiplicidade de artigos, muitas vezes contraditórios entre si, oscilando do ridículo ao grotesco. Nem a política, nem a economia, nem o povo, vão bem. O povo está cansado, e precisa aprender o sentido de uma *res publica* para ensinar aos políticos que poder não é privilégio e sim encargo. E precisa aprender depressa para que não nos tornemos de forma irreversível numa gigantesca, monstruosa, continental república das bananas. É imperioso que as classes produtoras e as classes trabalhadoras impeçam a opção pela pobreza por parte dos governantes. Necessitamos de um Estado com um mínimo de interferência e um máximo de eficiência. Urge buscar a riqueza bem distribuída e não perpetuar a pobreza generalizada. É necessário que seja dado um basta na política da pobreza. Mesmo que tudo isso seja tarefa de gerações.